中藤康俊 著

冷戦後の北東アジアと日本
―― 20年の歩み ――

大学教育出版

まえがき

　1990年前後の東西冷戦構造の崩壊によって、日本海は「戦争と断絶」の海から「平和と友好」の海へと変わった。その結果、日本海を囲む日本とロシア極東地域、韓国、北朝鮮、中国東北地域の間では相互交流が活発になり、「環日本海時代」と呼ばれるような新しい時代の到来を思わせるようになった。
　それと同時に、ヒト、モノ、カネなどあらゆるものが国境を越えて移動するようになり、多国籍企業の展開、交通・通信の発達によって世界はますます相互依存度を強めている。このような国境を越えた市場経済化は国民経済という枠組みを流動化させつつあり、世界は一体化しつつある。今日、われわれは時間と空間を越えて単一の世界に住んでいるといっても過言ではない。
　ところで、このようなグローバリゼーションの動きがある一方で、ローカリゼーションをめざす動きも見られる。このような動きは経済の効率性だけを追求するのではなく、地域の独自性、多様性を踏まえて地域の自律と魅力を創出するような地域づくりをめざしたものである。今後の方向としては「グローバル化した経済から自立した地域経済までさまざまなレベルの圏域が存在する重層構造を持つ経済社会へと向かっていくように考えられる」(環境庁編『環境白書』1999年版、p.145)。「国家や世界という地理的空間以外に、国内の地方や国境を越えて形成される地域が重要な意味を持ちつつある。……冷戦の終結によって、世界を分断していた境界線が急速に相対化する一方で、新しい地域や小地域の間の社会関係の凝集が認識されるようになり、新たなアイデンティが形成されつつある。それは境界線の引き直しであるとともに、それぞれの境界線の相対化でもある」(小林誠・遠藤誠治編『グローバル・ポリテイクス』有信堂高文社、2000、p.18)。国家の論理とは別の次元の論理で新たな地域が生まれることになる。とすれば、グローカリゼーションこそが求められるべき

であろう。

　国境を前提にすると不利な条件を抱えている地域の発展にはおのずと限界があるかもしれないが、国境をはずして考えると国土の周縁（辺境）に位置する地域も一転して重要な位置を占めることになり、発展の可能性がでてくるはずである。東京を中心に考えると日本海沿岸地域は文字どおり日本の周縁（辺境）であるかもしれない。日本海沿岸地域は明治以来の近代化の過程で「裏日本」とよばれるようになった。しかし、東西冷戦構造の崩壊とともに日本海沿岸地域で日本海を越えて対岸諸国と交流が始まったのはこうした発展の可能性を具体化するものであった。

　私が専門とする地理学の世界では「地域」を所与のものとしてあつかい、人間と自然の関係、あるいは種々の現象の分布でもって地域性の解明こそが地理学の課題であるとする傾向がある。しかし、「地域」を固定して捉えるのではなく、ダイナミックに変化するものとして考えるべきであろう。しかも、「地域」がかかえる種々の問題とその構造を明らかにし、地域政策を提言してこそ地理学が他分野の学問からも、また社会的にも認知されるのではなかろうか。

　私が1987（昭和62）年に中国の遼寧大学に留学してから今日まで20年間は北東アジア地域は文字どおり激動の20年であった。冷戦構造が崩壊したとはいえけっして平坦なものではなく、山あり谷ありの連続であった。本書は、当時の記述そのままに、その20年間に北東アジア（環日本海）地域の交流と調査・研究を通じて得たものに新たに一部は加筆し、冷戦後の日本、とくに日本海沿岸地域が日本海を超えて対岸諸国と交流する背景と課題について地理学の課題を踏まえて1冊にまとめたものである。その内容は専門書や学会誌、新聞などに発表したものである。読者は本書を通じて上述したような趣旨を読み取っていただければ筆者としてこれに勝る喜びはない。

　最後に、出版事情がきわめて厳しいにもかかわらず、あえて出版の機会を与えていただいた大学教育出版の佐藤守社長、編集担当の安田愛さんに心から感謝したい。

2008年7月

中藤　康俊

冷戦後の北東アジアと日本
――20年の歩み――

目　次

まえがき ……………………………………………………………… i

第1部　「地域」と地理学 …………………………………… 1

第1章　地理学の課題と体系 ………………………………… 2

第2章　地域問題・地域構造と地域政策 …………………… 4
1. 資本蓄積と地域問題 ……………………………………… 4
2. 資本の空間再編成と地域構造 …………………………… 6
3. 地域政策 …………………………………………………… 12

第3章　地理学の研究方法とその課題 ……………………… 17
1. 理論と実践 ………………………………………………… 17
2. 実態調査 …………………………………………………… 18
3. 隣接する科学の研究 ……………………………………… 20

第4章　日本経済の動向と地域経済 ………………………… 22
1. はじめに …………………………………………………… 22
2. 「地域経済」とは何か …………………………………… 23
3. 工業開発と地域経済の動向 ……………………………… 25
4. 地域経済振興の課題とその方策 ………………………… 28

第5章　「地方新時代」と地域経済 ………………………… 33

第2部　日本の地域問題と地域政策 ……………………………… 37

第1章　経済成長と産業構造 ………………………………………… 38
1. 産業構造と地域経済 …………………………………………… 38
2. 日本の食糧問題と地域 ………………………………………… 41
   （1）食生活の豊かさと貧しさ　*41*
   （2）経済成長と日本農業　*42*
   （3）地域に根ざした食と農の再生　*44*
   （4）持続可能な地域づくり　*46*
3. 経済成長と過疎問題 …………………………………………… 47
   （1）出かせぎ両親しのぶ　*48*
   （2）農林業衰退の一途　*48*
   （3）まだまだの振興策　*50*
4. 能登半島の過疎問題 …………………………………………… 50
   （1）豊かな自然環境とその利用　*50*
   （2）産業構造の変化と過疎対策　*53*
   （3）都市機能の強化と生活圏　*61*
   （4）高速交通体系の整備と地域交通　*63*
5. 地域振興と青年の役割 ………………………………………… 67
   （1）悪条件は克服できる　*67*
   （2）政策転換の主体になれ　*68*
   （3）ムラの人間関係改善も　*69*
6. 大学と地域 ……………………………………………………… 70

第2章　地域公共交通の整備 ………………………………………… 72
1. 新時代の地域交通とその課題 ………………………………… 72
   （1）モータリゼーションの進展と公共交通　*72*
   （2）高齢化社会への対応　*74*
   （3）環境にやさしい交通体系　*74*

（4）情報化に対応した地域交通　75
　　　（5）地域交通問題と地域政策　75
　2.　道路整備と地域振興 …………………………………………… 76
　3.　北陸地域の物流拠点整備 ……………………………………… 78
　　　（1）物流効率化・高度化の促進　78
　　　（2）物流拠点と社会資本の相互連携の促進　79
　　　（3）北陸の発展の可能性　79
　　　（4）環日本海交流圏のゲートウェイ　81
　4.　富山ライトレールの開業 ……………………………………… 83

第3章　都市づくりと歴史・文化 …………………………………… 86
　1.　都市づくりと水辺空間 ………………………………………… 86
　2.　百万石の城下町・金沢の魅力 ………………………………… 88
　3.　歴史と文化の町・成羽 ………………………………………… 90
　4.　とやまの里山 …………………………………………………… 92
　　　（1）影潜める工業開発　92
　　　（2）有効な振興策欠く　93
　　　（3）企業の論理が先行　94

第4章　環境の変化と子供たち ……………………………………… 95
　1.　雪国の生活 ……………………………………………………… 95
　2.　雪問題と地理学 ………………………………………………… 98
　　　（1）地域問題と地域政策　99
　　　（2）降雪、積雪、融雪とその地域性　100
　　　（3）雪と産業・経済　101
　　　（4）雪国の人びとの生活圏　102
　　　（5）雪国のコミュニティ　102
　　　（6）雪とその対策　103

3. 安全・安心のまちづくり …………………………………………… *104*
   （1） 「地域」とはなにか　*104*
   （2） 安全・安心のまちづくり　*105*
   （3） なぜ、犯罪は増えたのか　*106*
   （4） 犯罪を防ぐにはどうすればよいか　*107*
4. 現代の子どもたちと地域社会 ……………………………………… *108*
   （1） 子どもたちと家族　*109*
   （2） 子どもたちと遊び　*109*
   （3） 子どもたちと学校　*110*
   （4） 子どもたちとコミュニティー　*110*
5. 都市化と子どもの生活空間 ………………………………………… *111*

第5章　国土づくりの課題 ……………………………………… *113*

1. 国土開発計画の歩み ………………………………………………… *113*
   （1） 高度経済成長期　*113*
   （2） 安定成長期　*115*
   （3） バブル期　*116*
   （4） バブル調整と今後の課題　*117*
2. 国土軸と国土づくり ………………………………………………… *119*
3. 地方はどうなるか …………………………………………………… *121*
   （1） 『労働経済白書』（2006年版）　*121*
   （2） 景気回復に地域格差　*122*
   （3） 地方の実状　*122*
   （4） 地域の再生　*123*
4. 高齢化社会を考える ………………………………………………… *124*

第3部　北東アジア経済圏の形成 …………………………………… 127

第1章　環日本海交流 …………………………………………………… 128
1. 環日本海交流の現状と課題 …………………………………………… 128
2. 環日本海経済圏の形成 ………………………………………………… 130
3. クーデター直後のシベリア …………………………………………… 133
   （1）本当に物不足？　*134*
   （2）進む市場経済　*134*
   （3）新しい動き　*135*
4. ロシア・極東地方の経済事情 ………………………………………… 135
   （1）旧政策足かせに　*136*
   （2）犯罪で社会不安　*136*
   （3）電力と水不足　*137*
   （4）富山へ定期空路を　*137*
   （5）富大に学生の目　*138*

第2章　日本の貿易・投資と環日本海（東海）地域 …………………… 139
1. 経済成長と産業構造の転換 …………………………………………… 141
2. 貿易構造の変化 ………………………………………………………… 142
3. プラザ合意と海外直接投資 …………………………………………… 145
4. プラザ合意と製品輸入・空洞化 ……………………………………… 147
5. 日本と環日本海（東海）地域との貿易・投資の関係 ……………… 148
6. 「環日本海（東海）経済圏」形成のための課題 …………………… 154
   （1）日本の課題　*154*
   （2）対岸諸国の課題　*157*
   （3）日本と対岸諸国が共通してかかえる問題　*157*

第3章　日本企業の中国進出をめぐる諸問題 …………………………… 159
1. 中国の経済発展と日本 ………………………………………………… 159

2. 日本企業の中国進出 ………………………………………………… *159*
3. 「世界の工場」といわれる中国 ……………………………………… *162*
4. エネルギー問題 ……………………………………………………… *165*
5. 「世界都市」化と住民生活 …………………………………………… *167*
6. 日中投資保護協定 …………………………………………………… *167*

第4章　変わる中国・変わらない中国 …………………………………… *169*
1. 「格差社会」と地域 …………………………………………………… *169*
2. 中国とはどんな国か ………………………………………………… *170*
3. 中国の改革・開放政策と経済発展 ………………………………… *170*
4. 変わらない国民の意識と国家の仕組み …………………………… *171*
5. 上海はいま …………………………………………………………… *172*
6. 東アジア共同体の形成 ……………………………………………… *173*

あとがき ………………………………………………………………………… *176*

第1部

「地域」と地理学

第1章
地理学の課題と体系

　人間が成長する過程で空間に対する認識も広がっていくし、未知の世界に対する興味も湧いてくるのは当然のことである。かつて、未知の世界に対する情報・知識が集められ旅行記や紀行文が書かれたり、金・銀をはじめめずらしい産物を求めて探検家が活躍し、15世紀の半ばから16世紀にかけて地理上の大発見がすすんだのである。

　しかし、こういった未知の世界に対する知識とその方法は今日の地理学とはほど遠く、いわば地誌にすぎない。科学が世界・存在の合理的連関を理論的に把握する知識の体系であるならば、地理学もすべての科学のなかで相対的に独自の対象をもたなくてはならない。伝統的に地理学は地表の諸現象の場所的な相違すなわち地域性を解明する学問とされてきた。かつてはさまざまな現象の分布を示すことでも十分に学問としての市民権をもち得た。それは他の学問分野では分布、すなわちある地域内における諸現象の分布はほとんど問題にされなかったからである。例えば、人口や産物は他の学問でも対象とするが、国内における地域的な分布や変動については問題としなかった。しかし今日では、このようなことは地理学独自の課題ではなくなっているから、地理学は「分布の科学」であるというだけでは不十分である。また地理学はかつて景観（Landscape）を重んじたが、「景観の科学」とする考えも今日では地理学の正しい定義づけとはいえない。またある時代には人間と自然の関連を地理学の課題と考えられたこともある。

　地理学界では科学を法則定立的な科学と現象記載的な科学といった分類が

なされ、地理学を現象記載的な科学と位置づけてきたこともある。また地域の諸現象を把握するという意味で「総合科学」あるいは「地域科学」として独自性を主張する者もある。しかし、科学は対象の運動法則の違いによって分類したほうがより事物の本質に迫るものである。自然を対象とする自然科学と人間社会を対象とする社会科学とはまったく別個の法則に基づいた分類である。地理学は自然現象を対象とする自然地理学と社会現象を対象とする人文地理学（社会地理学）とに分類することができるが、前者は自然科学、後者は社会科学の一分野であって、自然地理学と人文地理学とはまったく別個の科学というべきである。地理学に、他の学問とはちがう固有の課題がなければ、学問として存立することはむずかしい。地理学は地域問題と地域構造を明らかにし、地域政策を主張することに学問として独自の領域を見いだすべきであろう。

　一般に地理学は一般地理学と地誌に分けられる。そして、一般地理学には自然地理学と人文地理学がある。自然地理学には気候学、地形学、陸水学など、そして、人文地理学には経済地理学、歴史地理学、都市地理学、人口地理学などの分野がある。そして、特定の地域の自然・人文両分野にわたるのが地誌である。地誌は必要であって、一般地理学にとって欠かせないものであるが、両者が地理学のなかで同一レベルのものであるかどうかは疑問である。

　（中藤康俊編著『現代の地理学』大明堂、1990、中藤康俊『人文地理学入門』古今書院、1985 の一部に加筆）

第2章
地域問題・地域構造と地域政策

1. 資本蓄積と地域問題

　1960年代のわが国経済の高度成長政策は、重化学工業を基軸とする産業構造に転換することが主たる課題であった。ながい間営まれてきた農林業や鉱業の衰退は、地方の農山村で生活できない人びとを過剰人口として析出し、過疎地域をつくりだした。その一方で、重化学工業を中心とする成長産業は、集積の利益を求めて大都市に集中し、既存の工業地帯はますます巨大化して、やがて太平洋ベルト地帯と呼ばれる過密地域をつくりあげた。「過疎」と「過密」という深刻な社会問題は、地域問題としてこの時期を特徴づけるものである。

　1962（昭和37）年の全国総合開発計画、1969（昭和44）年の新全国総合開発計画、そして1977（昭和52）年の第3次全国総合開発計画はいずれも地域格差を是正し、過疎と過密という地域問題の解決を目指して策定されたものであるが、実際には目標どおりにはすすまず、地域格差を拡大し、過疎と過密をより深刻なものとしたといわざるを得ない。1970（昭和45）年には資本の過剰蓄積という局面を迎えるが、同年のドルショックと1973（昭和48）年の石油危機によって、日本経済は低成長をよぎなくされた。そして、その後の長期にわたる構造不況と円高のもとで、従来から成長産業部門であった鉄鋼、造船、アルミ、化学などの減量経営が強行されて、こうした産業をかかえる地域そのものが存立するか否かという状況に追い込まれた。このほかアジアなどの

発展途上国の追い上げなどによって繊維産業も危機に追いこまれ、倒産、失業者の増加がつづいた。もちろん、地方の農林業の衰退に伴う過疎化と高齢化社会の悩みは依然としてつづいている。

　高度経済成長政策は生産基盤の整備に重点がおかれたので、上水道・道路・下水道・公園などの生活環境の整備はおくれ、住民生活をめぐる問題は都市・農山村を問わずますます深刻になった。こうした社会的共同消費手段の不足は、都市化時代といわれる現代では不可欠なものであるが、資本の求める集積の利益に対して集積の不利益として住民に転嫁される結果となっている。また、農山村の人口流出と過疎化、都市における人口集中と都市化に伴い旧来の住民の間にできあがっていたさまざまな共同組織が崩れ、コミュニティがあらためて問題となってきた。

　今日、地域をめぐる問題は、開発に伴う環境破壊やアメニティ（快適さ）の問題にまで発展している。かつて企業が排出する有害物質による公害問題が環境問題の中心であったが、今日ではリゾート開発・観光開発に伴う自然破壊と環境の悪化、ひいては自然の生態系の破壊が全国的に問題になってきた。その一方では、これまでほとんど問題とならなかった古い街並みを保存したり、水辺をとりもどそうという住民運動もおこっている。つまり、こうした動きは、住民が生活の質を求めて動きだしたといえよう。

　こうして、「地域」をめぐるさまざまな問題がますます複雑化し、深刻化しているのが今日の姿であるが、こうした地域問題の原因は、日本資本主義の発展、つまり資本の蓄積そのものに求められるべきである。わが国経済の高度成長政策や独占資本の利潤追求、生産第一主義の開発政策などが問題とされなくてはならない。その意味では地域問題の根本的な解決には政治的、経済的機構の改革が不可欠であるが、地理学の立場からすれば別の角度から問題を見いだすべきである。

2. 資本の空間再編成と地域構造

　資本主義の発展は市場を拡大し、資本の支配圏を広げていくことである。つまり、交通・情報網の整備によって原料・エネルギー・労働力を確保し、製品の販売市場を広げていくことである。このような、資本の支配圏は内包的であるよりもよりいっそう外延的であることに資本主義の特徴がある。そして資本主義の発達過程でさまざまな「地域」がつくりだされる。たとえば、都市と農村、農業地域と工業地域、そして農業地域のなかでも、米作を主とするところと果樹栽培を主とする地域といったようなさまざまな地域が形成されることになる。これが等質地域（Homogeneous region）である。

　「地域」というのは、一般的に人間がつくりあげてきた一定のまとまりをもった地表の空間といわれる。そこには、政治・経済・文化など、さまざまな人間の活動の中心となる部分とそれを支えている周辺部分が存在する。これが機能地域（Functional region）または結節地域（Nodal region）とよばれるものである。一般に、地域の中心になるのは都市であり、都市とその周辺地域を含む地域を「都市圏」と呼ぶとすれば、都市規模の大小によって都市圏は異なる。小規模の都市圏は狭く、機能的にも低位の段階にあって、より上位の都市の支配下におかれている。いくつかの小都市を支配下におく、この上位の都市もさらに上位の都市の支配を受けている。こうして、都市は規模や機能によっていくつかの階層に分けられ、多数の小都市は少数のより上位の都市に次第に統合され、最終的に1つの最高位の都市に統合される。かつて、ドイツの地理学者クリスターラー（W. Christaller）が主張したように、理論的な中心都市の市場圏は正六角形の蜂巣構造をなしており、地域の階層性もすでに認められているところである。

　地理学が、社会科学の一分野として独自の立場（固有の領域）を主張するとすれば、地域の問題を空間の編成（地域構造）と関連させて把握しなくてはな

らない。社会科学の他の分野が、「土地」とか「環境」とかをめぐる問題についてとりあげるとしても、それは政治・経済・社会の構造的変化を説明するための根拠として、典型的な事例をとりあげて実証するにすぎない。したがって、社会科学の他の分野では、空間編成（地域構造）はほとんど問題にならない。地理学が単なる空間をあつかう学問ではなく、「地域」を問題とする学問だとすれば、この「地域」という言葉には国家や自治体が作り出す空間（行政圏）、さまざまな資本が作り出す空間（経済圏）、働き生活している住民が作り出す空間（生活圏）の3つの空間があり得る。そして、これらの空間が重層的にしかも複雑にからみあって「地域」ができあがっているとみるべきであろう。

　国家・地方自治体・各種団体などそれぞれの行政圏は異なるし、固定したものではない。時代の変化と必要により行政圏も変わることは言うまでもない。東西冷戦構造の崩壊によって、1980年代の終わりごろから人、物、金などあらゆるものが国境を越えるようになると、つまりグローバル化が進むと国民経済の枠組みも崩れ、国家は新たな対応を迫られる。国の外交政策がきわめて重要になる。それにもかかわらず、日本とロシアとの間では領土問題、北朝鮮との間では拉致問題や核問題があって交流が進まないので日本海側の地方自治体レベルで交流が進められているのが現状である。

　一方、国内に目を転ずると、いま全国で法定協議会の設置など市町村合併の動きが進んでいる。1999（平成11）年4月には3,229あった市町村数は、合併特例法の経過措置が切れる2006（平成18）年3月末には1,800前後になる見通しである。明治の大合併、昭和の大合併に続く平成の大合併が進んでいる。なぜ、いま合併が必要なのか。日本経済は「失われた10年」を脱し、明るさを取り戻し始めたといわれるが、それでもなお財政事情は厳しく、少子高齢化などに対応した行政需要の増大に応えるためには合併せざるを得ない。また、1995（平成7）年には地方分権推進法が成立し、2000（平成12）年には地方分権推進一括法が施行された。地方分権の大きな受け皿を作り、財政基盤を強化しない限り真の地方分権は実現しがたいというのが国の言い分である。

一方、地方自体にとっても財政事情はきびしく、増大する住民サービスに応えていかなければならないという事情がある。バブル崩壊後の長い低迷の間に膨らんだ国、地方の借金は1,000兆円を超える。地理学の立場からすれば、もう1つ付け加えなければならない。それは通勤・通学圏や商圏の拡大によって生活圏や経済圏が拡大したり、都市化が進み市街地が広がったことである。一般にはきわめて難しいといわれる県境を越えた合併のケースがあるのは生活圏を重視せざるを得ないからである。

　しかし、全国的に市町村合併が進んでいるなかで、合併しない町や村があることは自治の観点から考えさせられることである。市町村の規模と自治の関係もあらためて検討する必要がある。

　経済圏は行政圏と一致するのはまれで、むしろ一致しないことのほうが多い。というのは、経済活動は個別企業の活動が活発になるとか、交通や情報網の発達につれて拡大するが、行政圏はほとんど変わらないからである。こうした動きを岡山市の商業（小売業）を事例として考えることにする。

　1995（平成7）年現在の岡山市の面積は513km^2、人口は61万人である。岡山市の商業は駅前地区と表町であるが、どちらかといえば戦前から天満屋（百貨店）のある表町が中心であった。駅前地区の商業機能が強化されたのは1973（昭和48）年の新幹線開通前後からである。駅前には高島屋（百貨店）、ダイエーおよび地下一番街が開店し、バスターミナルと大型駐車場を備えたショッピングセンターができた。もとより、岡山駅は地方ではめずらしく鉄道が放射状に7本もあり、東西南北の結節点となっている。高速道路のほか新幹線と瀬戸大橋の開通に伴い商圏は四国の香川県にまで広がった。岡山と高松の間では通勤・通学が可能になった。高松のそごう（百貨店）が閉店した後には天満屋が進出した。また、日曜日や祝日には、県北の津山や新見、広島県の福山からも岡山に買い物に来るようになった。

　しかし、1970年代以降の郊外における住宅開発と人口増加、モタリゼーションの普及は郊外への商業機能の分散化をもたらした。中心部に住んでいた

人たちのなかには商店街の商店主自身が郊外に住むようになった。もちろん市域外に住んでいた人も岡山市の郊外に住宅を求めて住むようになった。郊外には道路沿いに大型の駐車場を備えたスーパー、ホームセンター、書店などができた。一方、表町の商店街では駐車場対策が遅れ、お客を郊外に奪われる結果となった。天満屋のバスセンターは地方都市ではめずらしく、自家用車が普及するまでは集客力があったが、マイカー時代になるとけっして有利とはいえなくなった。そのため、表町商店街の来街者はしだいに減少し、空き店舗さえ見られるようになった。つまり、中心商店街の空洞化である。

　こうした現象は岡山市に限らず全国の地方都市に見られる現象である。中心商店街の空洞化は、基本的には中心商店街自体の問題であり、社会の環境変化への対応の問題である。それに加えて、政府の政策が大きく影響したことは言うまでもない。小売業の分野の大きな変化は、1973（昭和48）年の「大店法」（「大規模小売店舗における小売業の事業活動の調整に関する法律」）と小売商業進行のための「中小小売商業振興法」の制定である。なぜこの時期にこういうような法律が制定されたかといえば、いうまでもなく1960年代にスーパーマーケットのダイエーやイトーヨーカ堂などが急成長し、小売業界に影響を及ぼしだしたからである。大店法の成立と運用の強化によって、1980年代に入ってからは、事実上大型店は中心市街地には出店できなくなり、大型店は郊外に建設されることになった。この頃には、工場追い出し条例といわれる規制により町工場は郊外の工業団地にいき、市役所や病院も郊外に移転して中心市街地には商業機能のみとなった。岡山市でも、1985（昭和60）年には岡山赤十字病院が、1999（平成11）年には県立中央病院が、2001（平成13）年には国立岡山病院が郊外に移転した。こうして、工場や市役所、病院などが郊外に移転すると、ますます住みにくくなり、人口が減少した。中心商店街は、地域の人びとの「生活空間」であり、街の顔であったはずである。豊かな地域が育つことによってはじめて小売業もまた成り立つのである。その機能を取り戻さない限り中心商店街の空洞化は避けられないであろう。

ところで、「地域」は、一般的に人間つくりあげた一定のまとまりをもった地表の空間である。そこには、政治、経済、文化などさまざまな人間の活動の中心になる部分とそれを支えている周辺部分が存在する。したがって、経済活動の一分野である商業活動の場合も中心部分と周辺部分が存在するはずである。岡山市の商業活動も表町商店街の中心部分にあたるところとその周辺部分に分けられる。表町商店街が衰退ないしは空洞化するにつれ、商業機能は周辺部に移動するにいたった。しかも商業活動は岡山市という行政区域で完結しているわけではない。岡山市の商業活動は、岡山市域を越えてかなり広範囲に展開することとなる。これが商圏とよばれるものである。岡山市の商圏は周辺の市町村、特に隣接する倉敷市の商圏と対立・競合しながら形成される。

　生活圏は大人と子供で、また同年齢であっても職業により同じではない。しかし、最近は社会の変化、都市化、交通手段の変化などにより生活圏は広域化しつつある。生活圏の広域化に伴い犯罪もまた広域化している。誰しも住民すべてが安全で安心して暮らせることを望むが、実際は、犯罪が増えるとけっしてそうではない。

　たとえば、警察庁によると、犯罪発生件数は1996年以降7年連続で増え続け、2002（平成14）年には28万件でピークに達した。最近は、犯罪の被害者のなかでも未成年者が被害にあうケースが増えている。2003（平成15）年1年間に未成年者を狙った連れ去り事件は450件、未成年者が被害を受けた強制わいせつ事件は6,233件に上ったことが警察庁のまとめでわかった。2004（平成16）年11月17日に奈良市で発生した女児誘拐殺人事件はわれわれの記憶に新しいところである。子どもを持つ親たちを震え上がらせたこの事件の犯人は12月30日逮捕された。小学1年女児をわいせつ目的で連れ去ったのは、過去に性的ないたずらで2度逮捕されたことのある36歳の新聞販売所従業員の男であった。女児を車で連れ去り、犯罪に使われたのは女児がもっていた携帯電話であった。

　容疑者が逮捕されると、彼の家庭環境、職歴、過去の犯歴などが新聞やテレ

ビで報じられた。けっして恵まれていたとはいえない環境や社会から孤立しがちであった性格など犯罪の要因と考えられるものもあるが、それだけではあるまい。犯人が高校を卒業した1986（昭和61）年頃の日本の社会の大きな変化がある。経済成長と情報化、レンタルビデオ店や風俗店の増加など若者を取り巻く環境の変化である。さらに、あえて指摘したいのは、犯罪の広域化と地域の変化である。つまり、経済成長の過程で女性の社会進出と都市化が進み、人間関係が希薄になるとともにコミュニテイが崩壊したからではないか。都市化によって地縁的な人間関係が壊れたのである。昼間、ほとんど人が歩いていない。同様に、2001（平成13）年に大阪教育大付属池田小学校で起きた児童殺傷事件は通学区域が広いため地域とのつながりが希薄であったことも事件が発生した要因の1つである。

　子どもの通学区域は狭く、ほとんど変わらないのに犯罪は広域化している。子どもたちの生活圏は脅かされている。学校は地域の中心施設であり、親や住民が学校と連携を強めるとともに、コミュニテイを再興し、地域ぐるみで犯罪を防がなくてはならない。

　今の子どもたちは犯罪の危険にさらされ、子どもたちのとって大切な「安全・安心」という言葉が失われつつある。サンマという言葉があるが、これは時間、空間、仲間のことである。子どもたちは学校から帰っても塾通いで遊ぶ時間がない、車が増えて危ないし、空き地もなくなって遊ぶ空間がなくなったし、遊ぶ仲間もいなくなった。そのため、子どもたちにとっては「居場所がない」ということになる。

　そして、現代資本主義のもとではこれら3つの空間のうち、国家・自治体のつくる行政圏と資本がつくり出す経済圏の2つは、住民がつくり出す生活圏と相対立する関係に立つ場合が多い。たとえそうでなくても、いかなる地域といえども、調和的で何ら問題がないという地域はあり得ないわけで、たいていの場合は矛盾に満ちた問題の多い地域といえよう。この「地域」が区分されるとすれば現象ではなく、問題によって区分されなくては意味をもたない。

そして、「地域」は独立して他の地域とは無関係に存在するものではなく、有機的な関連をもって存在しているはずである。したがって、われわれが「地域」の構造という場合、地域内の構造だけでなく、地域間の構造も問題としなくてはならない。地域の相互依存の関係だけでなく相互対立の関係も問題とすべきであろう。しかも、こうした「地域」も閉鎖的なものではなく、資本主義の発展につれてより開放的で、しかも広域的なものに変化しており、地域がかかえる問題も変化し、より複雑で多様化しているといわざるを得ない。地理学ではながい間、「地域」を所与のものとしてあつかってきたが、「地域」こそ地理学が本格的にとり組むべき対象ではなかろうか。

3. 地域政策

　地理学はこれまでのように、単なる説明の科学ないしは分析の科学にとどまらず、社会的に役立つ学問としての有効性を発揮しなくてはならない。これまでのように地理学が単なる知識の学問として学校教育で問題とされるだけでなく、われわれは社会のさまざまな場面で役立つ地理学を目指さなくてはならない。地理学が社会的に役立つ実践的な科学を目指そうとすれば、地域政策ないしは国土政策に関心を求めざるをえない。いま、地域問題を明らかにするだけでなく、その問題を解決するような政策科学としての地理学が社会的に求められているのではなかろうか。

　地域政策が資本主義経済においては、経済の成長に伴って生ずるさまざまな地域問題を全国的視野に立って解決するための政策であるとしても、その内容はその国の自然的条件、歴史的条件、経済の発展段階や構造、体制などによって異なることはいうまでもない。それゆえ、ある国では局地的失業の救済と防止が最大の問題であるとしても、他の国では国内低開発地域の開発が緊急の課題であるということもあり得る。いずれにしても、地域政策は個々の地域に対

する個別的施策の寄せ集めでなく、少なくとも全国的視野に立った政策でなくてはならない。さらに地域政策は、経済成長を唯一の目的として開発する政策だけではなく、開発の抑制とか保全をも含むということである。

　地域政策が歴史上はじめて登場するのは、1930年代のことである。イギリスの特定地域法（1934年）は不況地域における失業対策であり、ほぼ同じ時期に登場するアメリカのTVAは、ニューディール政策の一環として実施されたものでテネシー河流域の総合開発である。この両者の政策が社会改良的性格をもつのに対して、わが国の地域開発ないしは地域政策は、経済成長促進的性格が強い。また、西ドイツの空間整備法（1965年）をみると、同国の地域政策は市町村が強力な自治権をもっていて、地方分権的な政策であるのと比べて、わが国の場合は、西ドイツとは対照的に中央集権的であるといわざるを得ない。

　政府は第4次全国総合開発計画（1987年）をたて、多極分散型の国土を形成しようとしている。東京一極集中と地方の過疎化を問題としてこうした政策がたてられたにちがいない。しかし、実際には、東京一極集中の傾向はますます強まっており、地方の過疎化は防ぎようがない。国際化、情報化、そして経済のサービス化といった時代の流れのなかで、こうした傾向はいかんともしがたいが、これをどう解決するかが今問われている。東京が世界都市TOKYOといわれるほど巨大な都市となった今、東京がすべきことは国際化、情報化時代に対応して都市機能をいっそう充実させることではなく、地方がとり組んでいる自立な経済圏づくりを支援することではあるまいか。

　地域経済の自立のためには、これを支える産業政策がなくてはならないが、最近では経済成長期の基幹産業であった鉄鋼・造船などの重厚長大型の産業にかわって、先端技術産業を中心とする軽薄短小型の産業が重視され、国民の余暇時間の増大をねらってリゾート開発が全国各地ですすめられている。

　しかし、農林業や伝統産業を含めた多様な産業を伸ばし、地域の資源と技術をいかすような政策に欠けているのではあるまいか。さらに、今日、地球規模

で環境破壊が問題とされていることを考えあわせると、今のリゾート開発はこれにどう答えるのであろうか。環境を破壊しないで、内発型の開発が必要となっている。さらに最近では、国民が豊かな生活を求めてアメニティや景観を重視するようになってきた。水辺の空間とか歴史的な街並みの保存に力を注ぐなど、居住環境を重視する傾向が強まってきた。

そして、これからの地域政策に欠かせないのは、地域を支える主体をどう育てるか、あるいはどう定着させるかである。それは個人の場合もあるし、集団の場合もあるかも知れないが、いずれにしても地域づくりの主体が求められているといえよう。

中央集権的なシステムのもとで過疎・過密が進行し、東京一極集中が進行した。戦後の日本は1950（昭和25）年の国土総合開発法に基づく全国総合開発計画以来5次にわたる開発計画を策定してきたが、いずれも「格差是正」、「国土の均衡ある発展」に重点が置かれた。そのため、開発構想は中央省庁で計画され、地方はそのための機能分担であって、政府が描くマスタープランの役割分担にしか過ぎなかった。したがって、その限りにおいて地方は重視されたのである。それゆえ、「地方の側に中央と対等の自立性を主張する基盤、あるいは従来の中心・周縁関係を相対化しうる新たな『地域アイデンティティ』は育っているだろうか。この問いに即答するのは困難だが、少なくともこうはいえそうである。ハード面でのインフラ整備の進捗ほどには、地域の自律的な生活空間づくりのためのソフト開発は進んでいない、否、むしろこれまでのハードインフラ偏重型の地域開発こそが、中央にぶら下がる形でしか地域振興を展望できない中央・周縁型の地方概念を補強してきた側面がある、と。全国津々浦々にミニ東京化の波が押し寄せ、地方はその分豊かになった。だがそれは『地方』が自立した『地域』へと脱皮することを必ずしも意味しなかったのである」[1]。

冷戦構造の崩壊とともに人、物、金などさまざまなものが国境を越えて自由に動くようになった。つまり、グローバルな時代になると国民経済の枠組みは

弱まり、国境のもつ意味が相対的に弱まった。それとともに、国境を越えて取り組まざるを得ないような問題が増えてきた。環境、貧困、人権、地域紛争などさまざまな問題が生じてきた。「グローバルに考え、ローカルに行動する」（think globally, act locally）という言葉がある。「地域」とはわれわれが日常的にかかわる生活圏が基本である。地域は川や海、山を越えて広がり、われわれが存在する地域がかぎりなく広がり、地球規模につながる。国家は明確に国境という境界線をもつが、グローバリゼーションが進むと、国家の論理とは別の次元の論理で新たな地域が生まれることになる。

アメリカのブッシュ政権がアフガニスタンやイラクを攻撃するとき、それは国家対国家の論理である。しかし、地域の論理とは国家の論理とは別の次元で新たな地域を作り出すものである。「国家や世界という地理的空間以外に、国内の地方や国境を越えて形成される地域が重要な意味を持ちつつある。……冷戦の終結によって、世界を分断していた境界線が急速に相対化する一方で、新しい地域や小地域の間の社会関係の凝集が認識されるようになり、新たなアイデンティティが形成されつつある」[2]という。したがって、国境の相対化が不可欠である。

そのさい、課題は次の3点である。その第1は中央から遠く離れた地方、いいかえれば周縁（辺境）といわれる地域の発展方向はいかにあるべきかという問題である。テッサ・モーリス＝鈴木は辺境の視座の重要性について「辺境という存在が、国史を、地域史を、ひいては世界史を違った視座から再訪する旅の出発点となり、国家・国民という中心からは不可視化されかねない問題を提起しうるからである」[3]という。また、清水　元は「文化や外部経済性に基礎をおく『地域』が復権し、近代国家の論理を凌駕するようになれば、日本列島の『中心―周辺』関係にも変化が生じるかもしれない。そのとき、古代律令制国家および明治国家によって西の辺境に位置づけられた西海が、中世・近世にそうであったように、再び経済・文化活動の最前線に躍り出て、新たな中心の1つになる可能性もないとは断言できない。しかし、その場合にも、それが、

太平洋への開国から始まった近代日本がかつての『交流の海』、『共生の海』へ回帰していくことを意味することになるのか、それとも、日本が再び勢力圏としてのアジアへの『帝国意識』をよみがえらせることになるのかは予断を許さないといえよう」[4] という。「地方」の視点から日本海沿岸地域を捉える必要がある。第2はいわゆる「海域世界」であれば当然「日本海」を越えて対岸諸国と交流をするわけであるが、その際同じような条件の下では他地域と競争が激しくなる。とすれば、交流の拠点をつくるにはどうすればよいかということが問題になる。第3は交流の拠点をつくるには交流の担い手、つまり人材の育成が重要であるが、それには「地域づくり」(交流の施設、組織、活動など)が不可欠である。どのようにして「地域づくり」に取り組んでいくかが問題である。

(中藤康俊編著『現代の地理学』大明堂、1990 の一部に加筆)

注
1) 石川昭治・平井一臣『地域から問う国家・社会・世界』ナカニシヤ出版、2000、p.169
2) 小林誠・遠藤誠治編『グローバル・ポリテイクス』有信堂高文社、2000、p.18
3) テッサ・モーリス=鈴木著、大川正彦訳『辺境から眺める』みすず書房、2000、p.4
4) 清水元『アジア海人の思想と行動』NTT出版、1997、p.218

第3章
地理学の研究方法とその課題

1. 理論と実践

　地理学はながい間、地域的な個性の記述に力を注いできた。そのこと自体は非常に大事なことであるが、「所変われば品変わる」とよくいわれるように、地理学がこういった類の域を出てないとすれば問題であろう。他の学問分野から地理学の学問的弱さをしばしば指摘されるが、もしそうだとすれば、やはり地理学の「理論と実践」へのとり組みが足りないからではあるまいか。
　もちろん最近では地理学の学問的成果はすすんでおり、他分野からもかなりの評価を得てきたように思われる。とくに、自然地理学の成果は自然科学の他分野やその他でも高く評価されているのは事実である。しかし、あえてここで地理学の今後の課題としていえば、やはり今まで以上に地理学の「理論と実践」に向けて努力することであろう。
　最近、地理学以外の分野、とくに財政学、社会学、歴史学などの分野でも「地域」という言葉がさかんに使われるようになってきた。しかし、地理学で「地域」という場合、土地の区域、区画された土地を意味するのに対し、他の分野ではほとんどこういったことは問題とされない。財政学や政治学では都道府県や市町村という行政上区分されたものが地域である。歴史学では「地方」という言葉とほとんど変わらない。また、社会学でいう「地域」とは町内会とか集落をさしていると思われる。これらの分野ではほとんど「土地」は問題に

ならない。地理学はさまざまな意味（機能）をもちながら「土地」が区分され、しかもそれぞれが全体としてまとめられていくというそのメカニズムを明らかにし、理論化をはかっていくべきであろう。つまりあえていうならば、地理学とは「土地の理論」の学問ではないかと私は考えている。地理学はながい間地域の調査をつみ重ねて相当の蓄積をもっており、他の分野には決して劣らないと思われるが、今後はこうした素材を生かしながらいかにして「土地の理論」、つまり「地域論」を展開し理論化していくかが課題ではあるまいか。

　土地を区分したのが「地域」であるとすれば、空を区分したのが「空域」、海を区分したのが「海域」である。地理学は土地だけでなく、海や空も対象であるが、本章では土地の区分を考えたい。

　さて、次に問題としたいことは、地理学の実践についてである。地理学は、これまで個性記述にあまりにも力点を置きすぎ、しかも学校教育で重視されて知識に偏重しすぎているきらいがしないでもない。ドイツ地理学の影響を受けて、わが国でもかつて地政学が地理学会に広がり、軍国主義に奉仕したといってきびしい批判を受けたという苦い経験から、地理学の実践への取り組みは弱いのかもしれない。しかし、地理学はすぐれて実践的な性格をもつ学問のはずである。また、地理学は実践への取り組みをしないかぎり、他の分野からとり残されてしまうのではなかろうか。地理学がきわめて綿密な調査結果を生かしながら、地域計画あるいは地域政策に取り組むならば国土利用や国土政策にも貢献できるのではあるまいか。

2. 実態調査

　地理学が土地（地域）に関する学問であるとすれば、野外における実態調査は不可欠である。最近では文献と統計資料が豊富になったのでコンピューターを使って、机上で考えるという方法が地理学界でも強くなったが、野外調査を

欠かしてはならない。野外調査によって、事実を土地に則して考えることが大事である。野外調査は室内での作業に比べ、比較にならないほど苦労を伴うものであるが、それだけに生きた学問をつくりあげることができるのである。

　OECDは日本の社会科学が演繹法的志向が極端に強く、実態調査をするとしてもその多くは「理論」の妥当性を強調することを目的としていると批判している。演繹的方法も有効な場合が多いが、地理学はどちらかといえば、具体的事実から法則性を導きだすような帰納的方法が重要である。というのは、他の分野の人たちは、理論の妥当性を実証するためにきわめて典型的な地域を取りあげて調査する傾向が強いが、われわれ地理学にとっては、典型的な地域の周辺地域もきわめて重要だからである。つまり「地域」を構造的に把握しようとすれば、典型的な地域の内部構造だけにとどまらず、周辺地域との関係も明らかにされなくてはならない。なお、われわれが帰納的方法でもって野外調査を行うとしても、ただ単に現存するものだけでなく、なくなったもの、つまり歴史的変化を追いかけていかなくてはならないであろう。

　さて、野外の実態調査にあたっては、はっきりした問題意識をもち、作業仮説をたてて行わなくてはならない。ただ、興味本意に漫然と行われるべきではない。そのためには、常日頃から書物や論文を読んで問題意識を深めておかなくてはならない。調査にあたってその地域の文献や資料を事前によく読んでおき、調査に役立てることである。現地ではまず、見て感ずることである。感じなければ、説明を聞いても本を読んでもわからないのではなかろうか。そして、地元の人びとの心をよくつかみ、真実を語ってもらうような努力をしなくてはならない。最近、テレビや新聞の影響で、なかなかその土地の固有のものが聞き出せないという問題があるだけに、いかにして相手の心をつかむかは重要な問題である。調査にあたっては、徹底的にわかるまで調べるという態度が欠かせない。それだけに野外調査はけっして楽しい、甘いものではないことは十分に肝に命じておくべきである。また資料や地元の人から聞いたことについても正しく判断でき、解釈できるようにしておかなくてはならない。

地理学界では、かつて野外調査を重視するあまり数多くする傾向がみられたが、たとえそれが重要だとしても横ならびに手当りしだいしても意味がない。やはり1か所の調査でわかったこと、わからなかったことを明確にしておき、2か所調査したら今までわからなかったことが解明できたという具合に調査をつみ重ねていかなくてはならない。かつては、野外調査は地理学だけのものであったかも知れないが、今では他の分野でもさかんでわれわれも明確な問題意識と適切な方法でもってのぞまないかぎり、他の分野に負けるであろう。

3. 隣接する科学の研究

　地理学は「地域」を研究の対象とする学問である。地域は自然・人文・社会などあらゆる現象で構成されている。それぞれの現象にはすでに固有の学問があり、独自の領域をもっている。地表面で構成する自然現象のうち生物については生物学が、社会現象のうち経済現象については経済学が、そして社会現象については社会学がある。地理学は現象それ自体に固有の領域をもつのではなく、現象が作り出している「地域」に固有の領域をもつのである。したがって、もし地理学が他の学問と異なるところがあるとすれば、さまざまな現象の把握の仕方、つまり地域的な見方、考え方にこそ特徴があるといえよう。
　このように考えると、地理学はまず現象それ自体について十分理解できるように研究しなくてはならない。たとえば、人文地理学の一分野である経済地理学の分野を研究するとすれば、地表の経済現象について理解できるようにしなくてはならない。それ故、経済地理学の分野では経済学の研究は不可欠である。同じことは、歴史地理学の分野を研究する場合にも言えることであって、歴史学について歴史学を専門にしている人たちに負けないくらい研究しなくてはなるまい。
　とにかく地理学は、自然・人文・社会とあらゆる分野に及んでいて幅広い学

問である。それだけに地理学の研究はむずかしいかもしれない。これは地理学の宿命でもある。地理学の研究と同じような悩みは、社会学や家政学がもっている。しかし、家政学や社会学が戦後大きく伸びて科学としての固有の体系をつくり社会的に大きな役割を果しているのに対して、地理学は弱いのではあるまいか。地理学はたしかに分析の手法はすすんだかもしれないが、科学としての独自性を他分野に主張するまでには至っていないのではなかろうか。外国における地理学の役割と比べ、日本の場合、地理学が科学のなかで、また社会的にも果たしている役割は小さいように思われる。今後、大いに地理学を発展させていかなくてはならない。

（中藤康俊編著『現代の地理学』大明堂、1990 の一部に加筆）

第4章

日本経済の動向と地域経済

1. はじめに

　日本経済は1973（昭和48）年以来、2度にわたるオイルショックの影響で深刻な不況にみまわれたが、最近では景気も徐々に回復しているのは事実である。1982（昭和57）年度の実質経済成長率は3.3%と昭和50年代に入って最低の伸びにとどまったが、翌年度は景気は回復に向かい3.7%と前年度をわずかながら上回り、1984（昭和59）年度に入っても好調に向いつつある。それにもかかわらず今、国民の多くが景気が好転しつつあるという実感がわかないのは政府の財政改革のもとで物価や公共料金の値上りは大きいが賃金の伸びは小さく、実質賃金がマイナスであって、景気の回復が国民の家計部門にまで十分波及していないからである。1984（昭和59）年度の『経済白書』では実質GNP増加率の寄与度を算出しているが、それによれば輸出、民間企業の設備投資等の寄与度は大きいものの民間住宅投資や民間最終消費支出等の寄与度はマイナスかあるいは相対的に小さいからである。

　こうした日本経済の動向を地域的にみると中央あるいは大都市にくらべて地方の農山村では依然として不況の影響は深刻であって、とくに基礎素材型産業をかかえる地域や企業城下町では深刻な経済的危機にみまわれている。数年前から「地方の時代」とか「地域の時代」とか言われているものの、その実感がわかないのは筆者のみではあるまい。それゆえ、地域経済の振興策が種々論

じられているのであるが、筆者の日頃考えていることを述べて読者の批判をあおぎたい。

2. 「地域経済」とは何か

　資本主義の発達はふるい封建的な封鎖経済をこわし、より広域的な開放経済に変化させてきた。わが国でも明治以来の近代化政策や戦後の経済成長期には都市化が全国的に進んで全国どこへ行っても同じようで、地域性が失われてしまったかのように考えがちであるが、けっしてそうではない。わが国は37万km^{2}という狭い国土ではあるが、太平洋側と日本海側では気候もちがうし、南北に細長い島国であるから北海道と九州では気候もかなり異なることはいうまでもない。そればかりか、産業や人びとの生活も地域によってずいぶん異なるのである。大都市と地方の農山村とではさまざまな点にちがいを見つけることができる。

　地域経済を問題とする場合もこうした地域的多様性に着目して経済問題あるいは経済構造を問題としなくてはならない。日本経済がオイルショック以来不況のため深刻な状況にあるとしても、その姿は地域的にけっして一様ではないからである。しかし、「地域」(region)は単なる空間や場所ではない。一般に「地域」という場合行政上の都道府県であったり、市町村であったりするが、これは行政区域であって真の意味での「地域」ではない。「地域」というのは一定の地域的統一をもつと同時に等質性をもった空間ないしは場所なのである。ただ、等質性は現象にとらわれることなく問題（ここでは経済問題）に則してとらえなくてはならない。そうすれば、ある問題は既存の行政区域を越えて存在していることが多く、そういう地表上の一部分が真の意味での「地域」なのである。それゆえ「地域」を考える場合、土地がもつ意味、つまり土地の属性としての自然的、社会・経済的条件や歴史と空間的な拡がり（位置と距

離）が重要になってくる。しかし、近代経済学では「地域」は空間的距離や面積だけが問題とされ、地域内に含まれるさまざまな問題が無視されてしまい、その考察が不十分である。だからこの場合「地域」とは area なのである。もちろん、歴史学や社会学がいう「地域」にいたってはきわめて不明確な概念である。

　さて、ここで「地域経済」を問題とするのは経済問題をとおして「地域」の実態に迫ろうとするものである。以下においては地域がかかえる経済問題を明らかにすると同時にそういった問題を生じさせている空間的なしくみ、すなわち地域構造を問題としたいのであるが、その前に国民経済と地域経済との関係について一言ふれておきたい。「地域経済」というものは国民経済の有機的な構成要素としての一部分であって経済的な一単位なのである。それゆえ、地域経済はそれだけで自己完結的なものではなく、他の地域と結びついた開放的な経済地域である。封鎖的な地域経済はあり得ないし、そうした方向を目ざすのは後退でしかあり得ない。ただ今日「地域経済の自立」ということが問題とされるのは、大都市を中心とした地域への依存度が高まり、地域経済の自立性がますます失われているからである。例えば「北陸」という言葉は古くから使われているものの、その実態となると今日では自立性を失い東京や大阪などの大都市との結びつきを強めており、大都市との結びつきなくして経済が成り立たないくらい人も物もそして資金や情報までも大都市との結びつきを強めているのである。表4-1は福井・金沢・富山の3集中局について通話回数の上位5位

表4-1　福井・金沢・富山の3集中局の通話先
（昭和55年度）

	1位	2位	3位	4位	5位
福井	武生	金沢	大阪	大野	東京
金沢	東京	小松	大阪	富山	福井
富山	高岡	魚津	東京	金沢	大阪

（出所）矢ヶ崎孝雄「北陸における金沢市の地位」『金沢地理、第3号』

までの通話先をみたものであるが、3集中局に共通することは上位5位までに自県内の主要局が含まれていること、他の県都局が含まれていること、そして3番目には東京、大阪の両局が順位に上・下はあるものの入っているということである。なお金沢では他の集中局とちがって東京が1位となるのは政府の出先機関が集中しているためであろう。また、5位までにいずれの集中局も名古屋が入っていないことは注目されるところである。このように「地域」はけっしていかなる場合でも独立してあるいは他地域とかけ離れて存在しているのではなく、他地域と密接な関連を持ちながら狭い地域からより広域にわたる地域が重層的につくられているということである。

3. 工業開発と地域経済の動向

　日本経済は昭和30年代に入って世界に類を見ない高度成長を達成し、アメリカに次いで自由世界第2位の規模を誇る経済大国となった。このようにわが国が高度経済成長を短期間に達成した背景には産業構造の急激な変革があったといえる。経済が発展するにつれて、労働力の産業別構成の重点が第1次産業から第2次、第3次産業の方向に移っていくという事実は、「ペティの法則」あるいは「コーリン・クラークの法則」として広く知られているところであるが、わが国でも経済成長期にはそれがいっそう明瞭になった。それゆえ昭和30年代にはじまるわが国経済の高度成長の過程は同時に第2次・第3次産業の比率の高い産業構造、とくに重化学工業を中心とする産業構造に転換する過程であった。

　わが国の産業構造が重化学工業を中心とした産業構造に変化したのはさまざまな条件があげられようが、その1つは民間設備投資の増大である。わが国の重化学工業は戦前は軍需依存で出発し、戦後はその市場基盤を失っていただけに「投資が投資を呼ぶ」といわれるほどの急激な設備投資の増大が重化学工

業が発展する大きな条件であった。2つ目には、政府の積極的な政策をあげなくてはならない。これは戦前からわれが国の工業化政策の特色の1つであったが、戦後の重化学工業化も経済の自立的な運動だけの所産ではなく、あわせて政府による強力な重化学工業化政策があったことに注目しなくてはならない。政府は1960（昭和35）年に国民所得倍増計画を発表して以来、国民の所得倍増と地域格差の是正をねらいとして従来の4大工業地帯以外のところに工業を分散させようとした。その具体的なあらわれが、1962（昭和37）年の全国総合計画に基づく拠点開発方式であり、同年の新産業都市建設促進法、1964（昭和39）年の工業整備特別地域整備促進法である。政府が全国的に重化学工業開発の拠点をつくる構想ではあったが、実際には石油・鉄鋼などの重化学工業が立地したのは4大工業地帯とその周辺であって、いわゆる「太平洋ベルト地帯」が形成されるにとどまった。しかし、1969（昭和44）年の新全国総合開発計画は日本列島全域の工業化・都市化をはかるとともに既存の工業地帯や中枢管理機能の集積する大都市とを新幹線・高速道路・航空網・電信電話線でつなぐといういわゆる「新ネットワーク方式」をうち出した。1971（昭和46）年の農村地域工業導入促進法や翌1972（昭和47）年の工業再配置促進法はそのあらわれである。

　こうしたわが国経済の高度成長を地域的にみると、昭和40年代前半までは先進工業県の高成長、後進県の低成長という典型的な2つのパターンが見られたが、昭和40年代半ばにはそれが逆転してオイルショック後低成長経済への移行とともに高度成長期とは逆のパターンがいっそう明瞭になってきた。その結果、表4-2のように1人当たり県民所得の高いのは東京・大阪・名古屋などの大都市圏内の都府県であり、所得の低いのは東北・山陰・九州などの県であることは変りはないが、所得の地域格差はしだいに縮小したことがわかる。つまり、1人当たり所得が最高である東京と最低の鹿児島を比較すると1960（昭和35）年には鹿児島は策京の30.5%にしかすぎなかったが、その格差はしだいに縮小して1965（昭和40）年には36.2%、1971（昭和46）年には37.5%

表 4-2　1 人当たり県民所得の変化

		昭和 35 年			昭和 40 年			昭和 46 年	
上位五県	東　京	229,305 円	100.0	東　京	419,983 円	100.0	東　京	951,967 円	100.0
	大　阪	196,404	85.7	大　阪	376,614	89.7	大　阪	817,514	85.9
	神奈川	171,509	74.8	神奈川	328,439	78.2	神奈川	782,586	82.2
	愛　知	169,466	73.9	愛　知	299,470	71.3	愛　知	715,070	75.1
	京　都	137,600	60.0	兵　庫	292,936	69.7	京　都	672,000	70.6
下位五県	長　崎	84,872	37.0	熊　本	182,444	43.4	宮　崎	420,130	44.1
	宮　崎	84,624	36.9	青　森	180,693	43.0	秋　田	417,925	43.9
	岩　手	83,351	36.3	島　根	177,008	42.1	熊　本	408,168	42.9
	熊　本	81,746	35.6	岩　手	176,212	41.9	島　根	403,817	42.4
	鹿児島	69,992	30.5	鹿児島	152,131	36.2	鹿児島	356,700	37.5

（資料）経済企画庁「第 3 回県民所得統計」

となった。これは、経済の高度成長の過程で工業化の波が全国的に波及し、従来の農業県でも工業化がすすみ所得水準の平準化が進行したからである。このことは、東北、山陰・四国・九州などの経済成長率は小さく、低成長県であることに変りはないものの、日本経済の高度成長の主役が大都市中心から地方へ移り、経済成長の担い手となったことを示している。

　ところが 1975（昭和 50）年頃を境にして後進地域優位の傾向は逆転して既存工業地域の急激な伸びと後進地域の落ち込みがみられるようになった。そのため、最近では大都市圏と地方との県民所得の格差は再び増大する兆しが見られるようになった。表 4-3 のように 1977（昭和 52）年から 1978（昭和 53）年には関東臨海との所得格差が近畿臨海や東海・北海道・南九州では縮少しているもののその他の地域では増大している。その理由は工場の地方への進出が伸び悩んでいること、財政支出の抑制がつづいていることなどが考えられようが、工業の業種間の跛行的展開も大きく影響していることを指摘しなくてはならない。つまり機械・自動車・電機などの加工組立産業が集積している関東・東海・近畿などでは工業出荷額の増大に大きく寄与しているのに対して、地方では素材型産業のオイルショックによる不振が大きく影響している。

表 4-3 所得格差の動向

(指数:関東臨海＝100)

	1人当たり県民所得（千円／1人）							
	46年	指数	49年	指数	52年	指数	54年	指数
北 海 道	504	64.9	947	74.5	1,258	76.4	1,505	77.3
北 東 北	417	53.7	795	62.6	1,058	64.3	1,230	93.2↓
南 東 北	472	60.7	871	68.5	1,176	71.5	1,364	70.1↓
関東内陸	515	66.3	913	71.8	1,208	73.4	1,354	69.6↓
関東臨海	777	100	1,271	100	1,646	100	1,946	100
東 海	634	81.6	1,057	83.2	1,340	81.5	1,594	81.9
北 陸	542	69.8	975	76.7	1,261	76.7	1,480	76.1↓
近畿内陸	614	79.0	1,030	81.0	1,311	79.7	1,548	79.5↓
近畿臨海	711	91.5	1,192	93.8	1,359	82.6	1,706	87.7
山 陰	432	55.6	827	65.1	1,092	66.4	1,282	65.9↓
山 陽	563	72.5	1,035	81.4	1,327	80.7	1,550	79.7↓
四 国	514	66.2	891	70.1	1,152	70.0	1,361	69.9↓
北 九 州	510	65.6	957	75.3	1,274	77.4	1,503	77.2↓
南 九 州	398	51.2	760	59.8	1,013	61.6	1,212	62.3
全 国	591	76.1	1,028	80.9	1,358	82.6	1,606	82.5

(資料) 経済企画庁「県民所得統計年報」
(注) 1. 46年度の南九州は沖縄を除く。46、49年度の山陽は広島県を除く。
2. ↓は52〜53年に関東臨海との所得格差が拡大したブロック。
(出所) 並木信義・日本経済研究センター編『技術革新と産業社会』日本経済新聞社、1983

こうしたさまざまな条件が作用しあって、地域経済は成長と衰退の二極分化の傾向が強まっているのが今日の姿である。

4. 地域経済振興の課題とその方策

地域経済を振興させるための大きな課題の1つは地域の産業を振興させて雇用の場を確保し、所得を増大させることによって地域格差を是正し、地域経済の自立的発展をはかることであろう。そしてそのことが国土のつりあいのとれ

た発展につながるものと考えられる。一般に地域経済を振興させる方策としては①政府・自治体の公共事業の拡大、②外部からの企業誘致および、③地場産業の振興の3つの方策がある。これら3つの振興策のうち政府・自治体の公共事業は行政改革と緊縮財政によって大きく期待することは無理である。とすれ

表4-4　伝統工芸品の地域別分布状況

(昭和56年度6月末)

地域	都府県	繊維品	陶磁器	漆蹄	仏壇	和紙	金工品	木・竹製品	その他	合計
東北	青森8(1)、秋田6(1)、岩手6(1)、山形12(3)、宮城8(1)、福島15(2)	5	6	7	1	4	5	11	15	54(11)
関東	茨城5(1)、埼玉14(2)、栃木6(2)、千葉4(0)、群馬6(2)、東京14(7)、神奈川6(1)	21	3	4	1	2	4	10	10	55(15)
北陸	新潟15(10)、富山12(4)、石川12(8)、福井8(5)	7	7	9	7	4	4	6	3	47(27)
中部	山梨3(1)、静岡7(1)、長野15(6)、愛知13(8)、岐阜12(3)	5	7	3	3	3	1	13	15	50(19)
近畿	三重13(3)、兵庫9(3)、滋賀16(3)、奈良8(2)、京都33(14)、和歌山3(1)、大阪10(2)	18	12	4	4	6	7	14	27	92(28)
中国	鳥取7(3)、広島7(2)、島根8(1)、山口4(1)、岡山13(1)	5	6	2	1	7	1	4	13	39(8)
四国	徳島7(2)、香川4(1)、愛媛6(2)、高知5(1)	3	2	3		4	1	3	6	22(6)
九州	福岡18(5)、大分2(1)、佐賀3(1)、長崎3(2)、宮崎4(1)、熊本20(0)、鹿児島8(2)	6	18	1	2	1	5	8	17	58(12)
沖縄	沖縄12(5)	9	1	1			1			12(5)
	合計	79	62	34	19	31	29	69	106	429(127)

(注) 合計欄 ( ) 内は指定伝産品の品目数で内数 (工芸材料を含む)。
(出所) 通産省編『伝統的工芸品産業』1981

ば②の企業誘致か③の地場産業の振興かのいずれかあるいはその両方である。

　一般に地場産業と呼ばれているのは伝統的工芸品産業である。それは全国に700品目ほど存在するといわれているが、このうち比較的その実態が把握されているものは429品目である。その地域別分布をみると表4-4のように全国各地にみられるものの京都府（33）、熊本県（20）、福岡県（8）、滋賀県（16）、福島県（15）、新潟県（15）、長野県（15）などに多いことがわかる。また中小企業庁が各都道府県を通じて実施した調査結果によれば、地場産業は全製造業の事業所数の47.8%、従業者数の31.6%、出荷額の19.0%を占めている。これを地域別にみると表4-5のように、地場産業は山陰、北陸、近畿内陸、東北、

表4-5　地域における地場産業の地位

(昭和55年)

地域名	事業所数 地場産業	製造業に占めるシェア (%)	従業者数（百人） 地場産業	製造業に占めるシェア (%)	出荷額（十億円） 地場産業	製造業に占めるシェア (%)
北海道	5,756	40.6	950	38.0	1,321	29.7
東　北	30,227	49.9	4,190	43.7	3,543	33.6
関　東内　陸	20,737	29.3	1,541	14.5	1,245	7.6
関　東臨　海	77,186	45.6	6,242	24.9	6,319	12.9
東　海	58,723	46.1	5,509	30.3	6,128	18.9
北　陸	23,196	73.7	1,973	52.6	1,558	35.1
近　畿内　陸	37,048	76.6	2,411	51.0	2,439	33.6
近　畿臨　海	39,006	35.4	3,775	24.5	4,899	17.1
山　陽	19,553	60.6	2,581	41.0	2,722	20.3
山　陰	2,593	43.3	574	50.4	421	40.3
四　国	9,608	43.3	1,357	40.1	1,351	26.8
九　州	29,439	62.8	3,242	41.1	3,085	27.0
合　計	353,072	47.8	34,354	31.6	35,061	19.0

(資料)　中小企業庁「地場産業県別実態調査の総括調査」昭和57年3月
(出所)　中小企業庁『中小企業白書』1982年版

北海道などでは従業者数、出荷額で製造業全体に占めるシェアも高いことがわかる。これらの地場産業は一般に地元に密着した企業が多く、労働力の地元雇用率が高く、生活水準の向上に役立っているほか、地元の資源を有効に活用しているものが多い。外から誘致した企業と異なる点である。そればかりか、一般に大企業の進出工場が産出した付加価値の多くが本社に吸い上げられ地元に還元される割合が小さいことを考えると、地場産業が地域経済に果たす役割は大きい。それゆえ、地場産業の盛衰は他の商業やサービス業にまで波及し、地域経済を左右しかねない。かつて筆者は石川県寺井町の九谷焼や輪島市の漆器産業を調べたことがあるが、いずれもその地域の経済の動向に大きく影響を及ぼしていることが明らかになった。

こうした意味から地域経済にとって地場産業が果たす役割は大きく、地場産業の見直し、その振興が地域経済の振興にとって欠かせない重要な方策の1つであることはいうまでもなかろう。しかし、それと同時に考えなくてはならないことは、現実には地場産業の振興だけで所得の地域格差をなくし、地域経済を振興させて人口を定着させるためには不十分であることも事実である。そこで、外部から企業誘致ということが地方の各自治体で考えられるのである。これまでの企業誘致による工業開発がどれだけ地方の経済を豊かにしたかは疑問の点もないわけではない。それにもかかわらず、そうした点の十分な反省がないまま今また先端技術産業の誘致がどこへ行っても活発に展開されている。これからの日本の産業の主役がマイクロエレクトロニクス、新素材、バイオテクノロジー、光産業などの先端技術産業であることは間違いないとしても、その立地動向をみると表4-6のように全国どこでも同じではなく、関東内陸かち南東北に多く立地しているのである。北陸でも最近除々に先端技術産業の立地がみられるようになったが、それがどのような影響を地域経済に及ぼすか検討すべき課題である。一般に先端技術産業は都市機能の集積している大都市圏かその外縁への立地志向が強いといわれているが、地方で先端技術産業がさらに発展するための条件は何であろうか。その意味で南東北や九州各地の先行事例を

表4-6　先端技術産業の新規立地動向（件数）

		51	52	53	54	55	56年
業種別	医薬品	6	19	13	9	20	22
	通信・同関連機械	50	21	23	36	52	69
	電子応用装置	3	3	6	8	26	27
	電気計測機	3	2	4	3	8	3
	電子・通信機器用部品	38	13	20	30	60	102
	医療用機械	5	5	6	7	8	4
	光学機械器具・レンズ	7	5	8	10	15	22
	計	112	68	80	103	189	249
地域別	北海道	3	4		1	2	1
	北東北	11	2	4	12	21	25
	南東北	31	6	17	24	40	54
	関東内陸	24	22	25	24	50	57
	関東臨海	17	10	10	14	26	24
	東海	4	6	6	5	9	27
	北陸	1	4	2	2	6	12
	近畿内陸	5	4	2	6	1	4
	近畿臨海	1	3	5	4	6	6
	山陰	4	1	1		1	1
	山陽	1	1	3	4	11	13
	四国	2		1	1	1	9
	北九州	6	1	2	3	6	11
	南九州	2	4	2	3	9	5
	計	112	68	80	103	189	249

（資料）通産省「昭和56年における全国の工場立地動向について」1982
（出所）野村総合研究所編『産業の新潮流』

検討して学ぶことが重要な課題だと考える。その一方で今後地方では産業構造の変化や国際的分業の進展に対応しきれない停滞産業が発生し、これらに過度に依存している地域や高速交通体系からとり残されたり、都市から離れたところでは経済的にとり残される地域が出てくる恐れもある。その意味ではこうした地域をどのように活性化させるかが今後の大きな課題の1つである。
　（富山県「とやま経済月報」1985年2月号）

第5章

「地方新時代」と地域経済

　今から10年ほど前に「地方の時代」ということばが流布したが、最近また「地方新時代」ということばをときどき聞くようになった。10年ほど前と今日とでは国際的にも国内的にも事情が異なるが、共通して言えることは地域経済の停滞ないしは衰退という事情である。なぜ今日あらためて「地方新時代」ということを言わなくてはならないのであろうか。

　最近の円高不況はかつて日本経済を支えてきた鉄鋼、アルミ、造船などの重厚長大型の産業だけでなく、家電、自動車といった高収益を誇る輸出花型産業にまで大きな打撃を与えている。とくに、「企業城下町」とよばれるような単一の工業都市では不況によって失業者の増大、人口の減少をもたらし、当該の自治体財政にも大きな影響を与えている。円高不況は雇用だけでなく、企業の海外立地、原材料・中間製品の海外調達へと転換させ、産業の空洞化をまねいている。その一方でわが国の大幅な貿易黒字は対外摩擦を生じさせ、海外からの貿易自由化の圧力は強まるばかりだし、軽工業製品はいうに及ばず、電気製品にいたるまでアジアNIESの追い上げが激しい。このような国際情勢を考えると、日本の産業構造はかつてないほどの変革を迫られているといっても過言ではない。つまり、1986（昭和61）年4月に発表されたいわゆる「前川レポート」をはじめとする政府のいくつかの報告書で述べられているように日本の産業構造を国際協調型に調整し、内外ともに均衡のとれた経済社会を実現しなくてはならない。

　こうした状況のもとで、最近わが国では経済のサービス化・ソフト化が進ん

でおり、産業構造の変化のみられることは周知のとおりである。しかしながら、大都市圏にくらべ地方圏の産業構造は依然として大きく変わっていない。大都市圏も地方圏もいずれも国民経済を構成する1つの地域であることには変わりはないが、大都市圏、とくに東京圏の所得が伸び、人口の増加が著しいのは産業構造のちがいによるものである。それに加えて、地方圏の経済の不況が深刻なのは、農・林・水産業などの第1次産業の不振と財政支出の抑制がつづいているためである。

　かつて、経済成長期には工業化の波が全国的に波及し、地方の農業県でも就業機会が増え、所得水準の平準化が進んだ。その結果、大都市圏と地方圏の所得格差は縮少する傾向にあったが、1970年代の半ばごろから、再び拡大する兆しがみられるようになった。前述したように大都市圏のなかでも東京圏の所得の増大、人口の増加が著しいのは産業構造のちがいだけでなく、国際化、情報化時代を迎え、東京には国内だけでなく国際的な中枢管理機能が集中・集積し、東京が今や世界都市TOKYOとして成長を続けているからである。これに反して地方では適切な不況対策が見つからず、地域経済の停滞ないしは衰退をまねき、その結果として人口の減少、高齢化、過疎化が深刻な問題となっている。

　政府の「第4次全国総合開発計画」(1987年)はこうした状況に対応して、わが国の国土づくりのビジョンとして「多極分散型国土の形成」を強調している。しかし、実際には、ヒト、モノ、カネ、情報などあらゆる面で東京一極集中の傾向が強まっている。こうした状況のもとで、地方はただ単に手をこまねいて見ているだけではない。さまざまな試みにとり組んでいる。産業構造の多角化・高度化の一環として観光・リゾート開発にとり組んでいるし、東京一極集中への対応策として架橋、新幹線、高速道路などの高速交通体系の整備にもとり組んでいる。しかし、実際には地方の経済振興策として有効な切り札となっていないのが実情である。

　地域経済というのは国民経済とは異なって、開放型の経済であるから、経済

活動の成果は少なからず地域外へ流出してしまい、地域内を循環する割合が小さいから、地域経済の循環を強め相対的に自立性を強めるようにしなくてはならない。地方は「汗を出せ、智恵を出せ」とよく言われる。それはもっともなことであろうが、より重要なことは、地域経済を豊かにし、相対的に自立性を強めるような地域構造をつくることではなかろうか。そのための、政策体系と理論的裏づけ、そしてそれを実現するためのプログラムをつくることが私の研究テーマである。その道のりは遠くて険しいが、あえて挑戦することこそが一研究者としての私に課せられた宿命である。
（富山大学経済学部同窓会「越嶺会報」第23号、1988年12月1日）

第 2 部

日本の地域問題と地域政策

第1章
経済成長と産業構造

1. 産業構造と地域経済

　最近の円高不況はかつて日本経済の高度成長を支えてきた鉄鋼、アルミ、造船など重厚長大型の産業だけでなく、家電・自動車といった高収益を誇る輸出花形産業にまで大きな打撃を与えている。そのため、先進国のなかでは雇用の「優等生」であった日本の失業率も欧米ほど深刻ではないが、1987（昭和62）年5月には3.2%と過去最高を記録し、完全失業者も180万人を突破した。円高不況は雇用だけでなく、企業の海外立地、原‐材料・中間製品の海外調達へと転換させ、産業の空洞化が進みつつある。こうした日本経済の最近の動向は地域経済にもさまざまな形で深刻な影響を及ぼしている。地域経済は国民経済の有機的構成の一部であり、密接に関連しているからである。しかし、地域経済の動向は全国どこでも一様ではなく、きわめて多様な展開がみられる。産業構造の違い、政府や自治体の政策、公共投資などが地域経済に大きく影響するためである。

　経済成長期には工業化の波が全国的に波及し、農業県でも工業化が進んで所得水準の平準化が進んだ。その結果、大都市圏と地方圏の所得格差は縮小する傾向にあったが、1970年代の半ばごろから再び増大する兆しがみられるようになった。最近における円高不況の影響は北海道、九州、東北、瀬戸内海沿岸、北陸などではとくに大きい。これらの地域には石炭・鉄鋼・造船・アル

ミ・繊維などの構造不況業種が多いほか、農業や水産業などの第1次産業の衰退、財政支出の抑制がつづいているためである。経済成長期には地方はどこでも企業誘致を競いあい、かなり成功したものの、最近は企業誘致もむずかしい。それどころか、誘致した企業も操業短縮、撤退といった問題にまで発展している。「企業城下町」と呼ばれるような単一の工業都市では不況の影響はとくに大きい。それにもかかわらず、不況に対する適切な対応策が見つからないというのが実情である。そのためこうした地域では経済の停滞ないしは衰退の傾向がみられ、その結果人口の減少、高齢化、過疎化が深刻な問題となっている。

　1980（昭和55）年の国勢調査では増加を続けてきた東京の人口が減少したほかはすべての道府県で増加した。ところが、1985（昭和60）年の国勢調査では全国的に人口の伸び率が小さかったのに東京の人口が増加に転じるなど、大都市圏への人口集中の兆しがあらわれた。そして、1986（昭和61）年に総務庁統計局が発表した都道府県別の推計人口によれば、地方圏の人口減少に対する大都市圏の人口増加が目立ってきた。過去を振りかえってみると、1974（昭和49）年から1975（昭和50）年の不況期にも過剰雇用の問題が生じたが、このときは自動車や電機などの第2次産業で過剰雇用の相当部分を吸収することができた。しかし、今回は自動車や電機には雇用を拡大する余力はない。そうすると、有力な受け皿となるのは第3次産業しかない。過剰雇用をかかえ、不況に悩む鉄鋼、造船などの製造業は主に地方圏に立地しているが、受け皿となる第3次産業は大都市圏に集中している。大都市圏と地方圏のいずれも国民経済を構成する地域であることに変わりはないが、大都市圏で所得が増え人口増加が著しいのは不況の影響のちがい、つまり産業構造のちがいである。

　北陸の産業構造は産業別就業者の構成や産業別総生産の構成のいずれをみても東京、大阪などの大都市圏などはもちろん全国平均と比べてみても相対的に第1次産業のウエートが高く第3次産業のウエートが低い。第2次産業のウエートは決して低くはないが、繊維、アルミ、機械などの構造不況業種をかかえて

いてオイルショック以来、円高不況と重なって操業短縮、倒産、合理化などの企業も急増しており地域経済に大きな影響を及ぼしている。その結果、1984（昭和59）年における富山県の1人当り県民所得は193.8万円で、第1位の東京都はもちろんのこと全国平均にも及ばない。前年度からの伸び率も4.2%と低かったので、全国に占める順位も第13位から18位に落ちてしまった。

　過去2回のオイルショックにもかかわらず、わが国の鉄鋼・電機・自動車などの加工輸出型産業は「集中豪雨」と欧米諸国から非難されながらも大量に輸出を伸ばし、大幅な貿場黒字は対外摩擦を生じさせ、海外からの圧力は強まる一方である。アメリカの貿易自由化圧力は農産物にも及んでいる。一方、繊維などの軽工業部門においてはアジアNICSの追い上げが激しい。このような国際情勢を考えると、われわれは産業構造を転換させて、産業構造の高度化・多角化を図らなくてはならない。北陵では第3次産業が弱いが、なかでも金融、保険、情報、通信、教育、医療、レジャー、ファッションなどあらゆる産業にかかわりを持ち、産業の高度化を支える役割を巣たす分野を伸ばしていかなくてはならない。今後、消費者ニーズの多様化、余暇時間の増大、女性の社会進出、ライフスタイルの変化といった社会情勢の変化に合わせた新しいサービス業が必要であろう。もちろん第2次産業なくして第3次産業はあり得ないから、第2次産業でもエレクトロニクス、新素材、バイオなどの先端技術産業など履用吸収力のある産業を伸ばしていかなくてはなるまい。北陸でもすでに新しい動きがみられるが、今以上に技術の高度化、新技術の開発が不可欠である。そのためには技術開発のための研究機関の整備・充実に取り組まなくてはならない。北陸という地域のなかから新しい技術を開発し、企業をおこす、つまり内発型の産業開発が必要である。地域経済を振興させるために必要なことは大企業の誘致やビッグプロジェクトなどに気をつかうことではなく、地道な産業振興が重要なのではあるまいか。また、これまでのように単に物をつくるだけでなく、付加価値を高めるとか、販路を拡大して市揚を拡げるなどマーケティング活動を活発にしなくてはならない。このようにして産業構造の高度

化、転換を図るとすれば、その過程で雇用のミスマッチなどさまざまな問題が生ずる恐れが多分にあるが、そうした方面への十分な配慮も欠かせない。

　このようにして、地域経済を豊かにし、より発展させるとしても、それは地域経済の循環を強め相対的に自主性を強めるものでなくてはならない。というのは、地域経済というのは国民経済とは異なって開放型の経済であるから、経済活動の成果は少なからず地域外に流出してしまい、地域内を循環する割合が小さいからである。1987（昭和62）年6月に策定された第4次全国総合開発計画、いわゆる4全総は「多極分散型国土」づくりを基本理念としている。国土の均衡ある発展を図り、4全総を実りのあるものにしてゆくために、今年ほどわれわれの力量が問われる年はないであろう。

　（北日本新聞、1988年1月1日）

2.　日本の食糧問題と地域

　内閣府の「食育に関する意識調査」（2006年）によると、食生活で悩みや不安を感じている人は全体の44.3%で、その内容（複数回答）は「食品の安全性」が81.0%と最も多かった。国民の食に対する不安、国産品への関心は極度に高まっている。中国製冷凍ギョウザの中毒事件をはじめ偽装表示、残留農薬など食の安全・安心を脅かす事件が多発しているからであろう。一方、日本の食料自給率は40%を割り、あらためて日本の食生活と農業のありかたが問われている。最近の世界的な穀物価格の高騰と不足は混乱を招いている。

（1）　食生活の豊かさと貧しさ

　日本の伝統的な食生活は「米と魚」であったが、戦後経済成長とともに洋風化が進み「パンと肉」に変わった。そればかりではない。食生活に冷凍食品や加工食品が普及した。年中いつでも、どこでも食べられ、便利になったのはい

うまでもない。スーパーに行くと食品がいっぱい積まれていてお金さえ出せば、なんでも買える。その意味では、戦後の日本人の食生活は豊かになったのは事実である。

しかし、はたしてそうであろうか。今の食生活は、カロリーのとり過ぎで糖尿病や脳卒中、心臓病などの生活習慣病、太りすぎ、食品の汚染や残留農薬による健康被害など健康を考えると決してよくない。栄養やカロリーだけでなく、食材のもつ特性を最大限に生かし、健康の維持増進をはかり、病気を予防しなくてはならない。また、かつて食事は家族団らんの場であったが、今ではバラバラで、とにかく忙しく食事を済ませることが多い。外食の機会も増え、食の画一化も進んだ。そのため、豊かな食生活と食文化は壊れた。まさに、「飽食」のなかの食生活の貧しさである。

それどころか、わが国の食料自給率は年々低下し、40%を割ってしまった。食料の外国への依存は食の安全を脅かしているだけでなく、日本農業の衰退と過疎化・高齢化による農山村の崩壊に拍車をかけ、農業と農村の危機と生活の不安をより深刻にしている。内閣府の「食料の供給に関する特別世論調査」(2006年)によると、回答者の76.7%が日本の将来の食料供給について不安であると答えている。最近の食料需給の逼迫と穀物価格の高騰は家計を圧迫し、食料の確保に対する不安を増大させている。そのため、政府は穀物の備蓄量を増やす計画を進めている。しかし、最近の原油価格の高騰による食材の高騰、バイオガソリンによる穀物不足はますます国民の食生活を圧迫している。

(2) 経済成長と日本農業

1960年代以降の高度経済成長の過程で農業と他産業の経済格差が拡大し、多くの労働力が工業やサービス産業に流出した。これらの産業集積と管理部門の事務所は太平洋ベルト地帯に集積したので太平洋沿岸に東京、大阪、名古屋などの大都市が形成された。こうした大都市には商業やサービス業、遊び場が増え、若者がますます集中するようになった。

一方、農村では労働力不足のため農業機械を導入し、化学肥料や農薬を使かって生産性を上げ、効率的な農業をせざるを得ない。「農業は雑草との闘い」とさえ言われるから農薬は欠かせないが、あまりにも使いすぎではないか。土はますます痩せている。また、日常生活でもテレビや冷蔵庫などを購入して近代的な生活をするためには多くの現金収入が必要である。これらが農業収入で充足できればよいが、そうでなければ、経営規模を拡大して農業所得を増やすか兼業収入を増やすしかない。一部の農家を除いて大規模化は無理であれば、多くの農家は兼業化か離農化するしかない。

　1961（昭和36）年の農業基本法はこうした日本農業の現状を打開するために出されたもので、農業構造改善事業を進め、選択的拡大によって他産業と同じぐらいの農業所得が挙げられることを目指した。しかし、実際には期待どおりには進まないでむしろ農業は衰退せざるを得なかった。都市から離れた中山間地域では耕作放棄地が増え、過疎化・高齢化が進み、限界集落（65歳以上の人が半数以上）が増えた。一方、都市近郊では工業化、都市化によって農地はつぶれ、農村地域に非農家が増え、混住化社会ができ上がった。

　日本農業は貿易の自由化とグローバル化によって、外国の安い農産物に押され、国際競争力を失ってしまった。今日、われわれの食生活を支えているのは日本の農業ではなく、外国の農業であるといっても過言ではない。政府は食料自給率を高めるため規制緩和による農地の大規模化や企業経営の導入を進めているが、計画どおりには進んでいない。2003（平成15）年の農業就業者368万人のうち65歳以上の高齢者は56%を占めるし、耕作放棄地は東京都の面積の1.5倍にあたる24万haに達する。日本農業は存亡の危機にある現実を今一度直視したい。

　中国製冷凍ギョウザの中毒事件以来、食材を国産に転換させる絶好のチャンスが到来と考えるが、輸入品と比べ価格差が大きいことと一定量の確保が難しく対応できないという問題がある。農家の高齢化、後継者難など日本農業の脆弱性が浮き彫りになっている。

（3） 地域に根ざした食と農の再生
1） 地域経済と農業

　本来地域経済というのは多様な産業によって成り立っているはずである。にもかかわらず、重化学工業を重視した経済成長と国際分業の進展によって日本では地域経済は工業が中心になり、農地や農業労働力は工業に転換され、農業はますます衰退せざるを得ない立場に立たされた。農業が他産業に比べ生産性が低く、所得が少なければ当然労働力は他産業に流動する。しかも、重化学工業化が太平洋側の大都市で進んだので農業労働力、なかでも若年労働力が都市に流出する結果となった。

　地方の都市にも伝統産業が立地し、都市的な機能も集中していて周辺の農山村にとっては就業の場であるばかりか農産物の販売市場でもあった。しかし、経済成長期に大量生産、大量流通による全国的な市場体系を形成して国民に安い農産物を供給することを目指したのでそれまで周辺の農村が都市に供給していた農産物は売れなくなり、販売市場を失ってしまった。今日では地方の小都市といえども高速道路を利用して全国どこからでも農産物を供給できるようになった。その結果、都市と周辺の農山村の関係は崩れてしまった。

　これまで工場誘致やゴルフ場、テーマパークなどで地域経済の振興を図ろうとした自治体が少なくない。しかし、それらの多くが期待したほどには成果が上がらなかった。したがって、このような外部資本に依存した地域振興ではなく、あくまで地元主導でビジョンをつくり、都市住民と連携してヒト、モノ、カネを地域内で循環させることによって地域経済を豊かにすることである。

　そのためには、地域経済のなかに農業を国民の食料を供給する重要な産業としてしっかりと位置づけ、「地域自給」をめざす農業構造に転換することである。グローバル化が進み、国際競争がますます激化している今日ではこのことがますます重要になってきた。そのため、1999（平成11）年には「食料・農業・農村基本法」が、2005（平成17）年には「食育基本法」が制定され、食料自給率の向上を課題にせざるを得なくなってきた。農業は国民の食料を供給

するだけでなく災害の防止、地下水の涵養、緑の供給など多様な役割を果たしていることを忘れてはならない。

このように考えると、農業は都市の市街地の中でも都市農業として重要であり、道路を全面的に舗装し、鉄とコンクリートで固められた都市は決して望ましいものではない。山村では林業の振興が基本ではあるが、農業も重要視しなくてならない。

2） 農村の過疎化とコミュニテイ

わが国経済の高度成長のもとで、人口の減少と高齢化・過疎化が急速に押し寄せてきた農山村では学校や病院、道路などの社会基盤の維持が難しくなってきただけでなく、集落（地域社会）としての自立的、主体的な機能そのものが弱体化してきた。かつては集落の共同作業として行ってきた生活道路の維持・補修や祭りなどができなくなってきた。

米の自由化による減反政策、木材の自由化、路線バスの撤退など国の政策によって集落の維持はますます困難になってきた。しかし、こうした状況のなかでも一部には特産物づくり、高齢者支援、防犯・防災などさまざまな活動に取り組んでいる集落もある。

3） 地産地消のすすめ

2005（平成17）年に発表された「新たな食料・農業・農村基本計画」では食育の基本として「地産地消」があげられている。「地産地消」という言葉が使われるようになったのはさほど古いことではなく、せいぜい30年ぐらい前からである。「地産地消」の定義については決まっているわけではないが、この計画の中で「地域の農業者と消費者を結びつける地産地消を、地域の主体的な取り組みとして推進する。これにより、消費者が生産者と『顔が見え、話ができる』関係で地域の農産物・食品を購入する機会を提供するとともに、地域の農業と関連産業の活性化を図る」とされている。

このような地産地消のうち最も普及していてわれわれに馴染みのあるのは、農産物直売所であろう。この農産物直売所ができはじめたのは1975（昭和

50）年頃からで、農協の組織的な取り組みや「道の駅」での直売所が現れるようになったのは1990年代の終わり頃からである。新鮮な旬の野菜や魚介類が安く手に入り、地元産でしか味わえない味と新鮮な香りが消費者に喜ばれている。2002（平成14）年3月現在で産地直売施設は1万1,814か所あり、このうち通年営業は3,786か所、朝市・夕市は2,734か所、無人市・庭先販売などが4,715か所、その他597か所である。

　こうした地産地消の意義としては一般に消費者との関連では安全・安心な農産物の提供、生産者と消費者とのコミュニケーション、流通面では地場農産物の販路の確保、流通コストの削減、さらに地域農業の活性化などがあげられる。農業の近代化に対応する流通の近代化、つまり卸売市場の再編による流通の広域化、農産物の輸入などに対して地産地消への取り組みによって地域資源を見直し、生産者が販売・流通面でも積極的に取り組み、付加価値を高めることである。子供たちの学校給食の食材も地元産を積極的に活用するとよい。地産地消は単に農業経営だけの問題でなく、輸送による燃料の消費を抑えて地球温暖化の防止、コミュニティの維持、地域の持続的循環型社会の形成、国土政策などの面でも大きな意義を有するといえる。

（4）持続可能な地域づくり

　食糧問題はたんに「食」の問題だけでなく「地域づくり」の問題としてとらえない限り根本的な解決にはならない。

　戦後の日本は中央集権体制のもとで重化学工業政策を進め、産業構造の転換と太平洋ベルト地帯への人口と資本の集中・集積をはかった。そのため、わが国の農業、林業、漁業などの第1次産業は衰退してしまった。多くの若年労働力の流出、農地の転用と海面の埋め立て、ダム建設などによって重化学工業政策は可能であった。しかし、東京、大阪、名古屋などに大都市が形成されると住宅、交通、生活用水などの都市問題が深刻になった。そのため、郊外で住宅開発が進むと低地の水田はもちろん丘陵地の里山もその対象になった。市街地

の拡大によって植生や表土は剥ぎ取られ、住宅や舗装道路になったので排水はよくなったが、雨水の貯留効果は低下した。河川の下流部では出水は早く、規模が大きくなったので市街地では洪水の危険性が増大した。

　食料は「戦略物資」であるともいわれる。自国民の食糧確保を優先し、コメや小麦の輸出を規制する国が現れるのは当然である。日本のようにいつでもお金さえ出せば必要な食料を輸入できると考えるのは楽観的である。食料を確保するためには「地域自給」をめざして地域経済を確立させることである。地域経済を立て直すためには交流・連携によって「地域自給」をめざし、地域固有の資源（地域の農地や農林水産物、職人の技、伝統文化、歴史など）を活用して企業を興して差別化を図り、定住人口を確保する以外に有効な方法はない。地球上で食料の争奪戦や気候変動が予測され、わが国が食料を安定的に輸入できる保証がない限りなおさらである。政府は輸入相手国の農産物輸出規制に歯止めをかける貿易ルールの導入を検討しているが、はたして有効な手立てとなりうるかどうかは疑問である。したがって、農業を地域政策の基本として位置づけ、食糧自給システムを転換させて国民の食に対する安全・安心を確保する必要がある。

　生産者と消費者、農山村と都市、国内の他地域、さらには海外と交流・連携してネットワークを造り、「持続可能な地域づくり」をめざして取り組むことが極めて重要である。
　（「地理」2008年7月号）

3. 経済成長と過疎問題

わたしのおかあさんは
月に一かい帰ってくる
だけどこない月もある。

おかあさんが来るとわたしのむねは
何となくあったかくなる。
おかあさんの
においもうつってくる。
おこづかいもたくさんくれる。
うれしい
でも、一ばんしかとまらない。
おこづかいはいらないから
もっともっと
とまっていってほしい。

（１）　出かせぎ両親しのぶ
　これは能登半島のある小さな村、柳田村の子どもたちがつづった詩集「柳田の子」（第十四集）の一部である。この詩集には219点の詩がのせてあるが、いずれも都会で働く両親を慕うものばかりである。能登半島の村々は昔から「能登杜氏（とうじ）」として出かせぎの多いところであったが、昭和30年代後半以降とくに出かせぎ者が増えただけでなく、最近では出かせぎ期間が長期化しており、盆と正月しか帰らない者もみられる。また夫婦ともかせぎするという家庭もある。そのため、冬の間は老夫婦と子どもだけの家庭が多く、子どもたちが寂しい気持ちで父母のことを思うのも当然のことだろう。

（２）　農林業衰退の一途
　ほとんどの子どもたちは中学校や高校を卒業すると、村を離れて都会へ就職してしまう。その理由として、交通の不便、文化水準、冬季の積雪、さらには農村の封建性などがあげられる。しかし、こういった要因よりももっと重要なものとして農林業などの衰退をあげねばならない。もともと能登半島の農家経済は「米と炭」によって支えられていたが、昭和30年代に入ると急速にその

基盤が崩れるのである。米は能登の農業粗生産額の 70% 近くを占めるが、その生産基盤をみると湿田が多く、土地基盤の整備が著しく立ち遅れている。また、農道の幅は狭く、タナ田が多い。そのうえ、経営規模は零細で 1 戸当たりの水田面積は 70 ナール余りである。こうした悪条件が農業の機械化を妨げており、農業所得を低くしているのである。

　また、1970（昭和 45）年から始まった米の生産調整も農村に大きな打撃を与えた。生産調整の内容をみると、休耕が 68% と最も多い。耕地条件が悪く、販売市場からも遠い能登では商品作物の導入は難しいので、休耕面積の比率が高いわけである。

　米以外の新しい商品作物を導入して農業経営の転機を図るというような積極的な農家もほとんどみられない。多くの農家は転作奨励金の獲得や耕地の荒廃を防ぐために転作に応じたものである。一方、炭の生産量は戦後の木炭需要の高まりによって年々増加した。ところが、森林面積は広いにもかかわらず雑木林としての価値しかもたないところに成立していた製炭業も、燃料革命により 1957（昭和 32）年から 1958（昭和 33）年頃を最盛期としてその後、急速に衰退するのである。しかし、海に面した能登では漁業もまた重要な現金収入源であったが、漁港を持つ一部の村にのみいえることであって、すべての村にはいえない。

　ところが、零細漁家の多かった能登の漁業も 1962（昭和 37）年以降、衰退し、現在では能都町や内浦町に少数の沖合漁業者や専業沿岸漁業者をみるのみである。

　わが国経済の高度成長政策はこのように農林漁業を衰退させることによって農村の労働力を都会に集中させ、村の生産と生活の機能を崩壊させてしまったのである。その結果、今日では能登半島、とくに奥能登では深刻な過疎問題が生じており、「ムラ」は崩壊しつつある。例えば、農道や用排水路の作業を共同で行わない集落が多くなったし、青年団や消防団の機能も低下して再編成に迫られている。また、児童、生徒数の減少に伴い学校の統廃合も進んでいる。

生活基盤を失った大多数の農民は出かせぎするか、離村する以外には法はなかった。しかし、そうした大きな流れの中にあっても比較的経営規の大きな農家では機業を営み、自立経済の道を模索するのであるが、これとても商社に支配され、農家経済は必ずしも恵まれたものではない。

(3) まだまだの振興策

また、1965(昭和40)年には山村振興法が制定されて、なんとかして過疎化現象を食い止めようと交通、通信、産業設の整備、観光開発、工場誘致など自治体においても進められたのであるが、これらも必ずしも十分な成果挙げているとはいえない。この山村振興法は1975(昭和50)年3月で期限切れとなるが、この際「過疎問題」を積極的に取り組む必要があるのではなかろうか。
(北陸中日新聞、1974年6月12日)

4. 能登半島の過疎問題

(1) 豊かな自然環境とその利用

能登半島は山地と丘陵地が多く、平地は口能登の邑知潟地溝帯と海岸線に沿ったところにわずかしかない。この地域で最も高い山は宝達山であるが、その高さも637mしかなく、全体として山が浅いので複雑な樹枝状の谷がみられるものの、水不足が問題となる。平野に乏しく、大きな河川がないため水不足であるというのは能登半島に限らず全国の他の半島でも言えることであるが、こうした半島の特殊性が産業の発達や都市の形成を大きく左右している一因であることは言うまでもない。もっとも、この半島地域の水不足を解消しようという試みがまったくなかったわけではなく、河北郡宇ノ気、七塚、高松町の畑地730haを受益地域とする目的で1954(昭和29)年に着工し、1965(昭和40)年に完成した河北台畑地灌漑事業にみられる通りである。ただ、問題はこ

うした事業が能登半島の先端部にまで及ばなかったところにこの地域の開発の限界があった。愛知県の知多半島や渥美半島の先端部にまで水が送られ農業用水や工業用水として利用され、産業を発達させたことを考えると、同じく半島とはいうものの、能登半島の開発の大きな制約要因の1つが水問題であったことは否定できないであろう。

　能登半島のこうした地形が水不足を生じさせているが、その一方では一時的に大雨が降るとたちまち下流に流れ出て海岸の低地では増水のため河川が氾濫し、水害をもたらすことさえある。山地や丘陵地が海岸近くまでせまり、時には急崖をなしている。しかし、半島の外浦と内浦では海岸線の姿も異なり、外浦が曽々木海岸にみられるように男性的であるのに対し、内浦は九十九湾にみるごとく、静かな女性的なリアス式海岸である。3面を海に囲まれた能登半島には古くから数多くの天然の小港が発達して北海道や東北などと大阪を結ぶ北前船の寄港地であったし、漁業の基地ともなった。

　日本海に突出した能登半島は冬にはシベリアから冷たい季節風が吹きこむ。とくに門前町から輪島市では季節風が強いので防風のため間垣をつくっている。またこの季節風は岩波にぶつかり、しぶきは空に舞いあがって「波の花」とよばれるが、冬の能登半島の風物詩である。冬の季節風のため寒さが厳しいかと言えば決してそうではない。むしろ暖かいとさえ感じるのは対馬海流の影響である。そのため、能登半島は積雪量は意外に少ないのである。過去における最大積雪量は1970（昭和45）年1月の110cmで、過去30年間における1日最大積雪は25cmである。この地域の年間平均降水量は2,100mm程度であり、年間平均気温も13～15℃程度であって海洋性の気候である。しかし、冬の天候の変化は激しく、日照時間が短かいという点では典型的な北陸型の気候である。理科年表によれば1941（昭和16）年から1970（昭和45）年の間の平均であるが、年間日照時間が輪島では1,821時間であるが名古屋では2,228時間もあり、札幌でさえ1,954時間もある。これを冬季にかぎってみると、例えば1月の日照時間は名古屋では179時間、札幌では101時間であるが、輪島

ではわずか50時間にしかすぎない。いずれにしても冬になると住民も家にこもりがちだし、外からの観光客もめっきり減るのは厳しい気候も一因である。

羽咋市の千里浜海岸、能登金剛などの外浦海岸、内浦海岸の九十九湾の澄みきった海と緑、七尾湾に浮かぶ能登島など、この地域は優れた自然景観と自然環境に恵まれ、国定公園に指定されている。このほか、七尾には和倉温泉があって、能登観光の1つの拠点となっている。また、能登半島には優れた自然景観のほか気多大社、妙成寺、時国家、門前町にある曹洞宗総本山の総持寺祖院、それに輪島の朝市などの観光資源にも恵まれている。そのため、能登には年間500万人を越える観光客が訪れている。1983（昭和58）年には能登地域内の観光地または施設を利用した者は735万人もあるが、その実体はともかくとして各観光地の特性はうかがうことができる。もともと能登半島が観光地として注目されだしたのは高度経済成長期に国鉄がディスカバー・ジャパンの一環として宣伝をはじめたことや、1964（昭和39）年に能登線が開通したこと、能登金剛が作家松本清張の『ゼロの焦点』の舞台となったこと等が大きく影響している。能登半島が観光地として弱いのは観光客が春から夏にかけては多いが、冬はとくに少なく年間通じて平均的でないことである。

高度経済成長の過程で大都市では緑が失われ海も汚れてしまった今、大都市の住民が求めているのは緑であり、きれいな青い海である。それに素朴な人間性であろう。能登半島はこうした大都市で失われたものを満たしてくれる数少ない地域である。これまですでに開通している新幹線でみたように北陸新幹線が開通すると観光客が押しかけてくるにちがいない。そのとき能登半島が観光客を引きつけるものは豊かな自然と素朴な人間性である。そうした観光客を能登半島にむかえるためには域内交通網を整備して新幹線とのアクセスを便利にしなくてはならない。新幹線のメリットはアプリオリ（先験的）に与えられるものではなく、これをどう利用していくかは地域の主体的な対応にかかっているのである。

このような豊かな自然環境は観光客のためだけでなく、本来住民のためでな

くてはならない。この地域の住民が豊かな自然環境のなかで生活し、それを日夜守っていてはじめて観光のための資源ともなりうるのである。国民の生活が豊かになり、週休2日制が完全に実施されると、家族づれでレジャーを楽しむ機会もこれから増えるであろう。そうしたときにこうした国民の期待にこたえるのは能登地域の住民であるし、豊かな自然環境なのである。

しかし、豊かな自然環境を守り、観光客を誘致するだけで能登地域の住民の生活が豊かになるかどうかは断言できない。やはり開発は欠かせないであろう。開発を否定するのではなく、われわれが考えなくてはならないのはどのように開発するかである。そういった意味で経済成長期にこの地域で過疎化が進んだのはどこかに問題があったにちがいない。それを明らかにして今後の開発のあり方を再検討するのが次の課題である。

(2) 産業構造の変化と過疎対策

能登半島の1980（昭和55）年現在の人口は286,748人で、1965（昭和40）年以降の人口の推移はほぼ横ばい状態である。しかし、これを地域的にみると、口能登では1965（昭和40）年の17万5,016人から1970（昭和45）年には16万8,444人と減少したもののその後はわずかながら増加の傾向にあるが、奥能登では1965（昭和40）年の13万6,075人から国勢調査の度ごとに減りつづけ1980（昭和55）年までの15年間に14%も減少したことになる。つまり、口能登では問題ではないが、奥能登では人口減少に伴う過疎化が問題となっている。1980（昭和55）年に制定された過疎地域振興特別措置法に基づき過疎地域に指定されている市町村は石川県では白山麓と奥能登に集中しているが、能登では奥能登の珠洲市、柳田村、門前町と口能登にあたる能登島町の4市町村である。過疎法の指定の基準自体に問題がないわけではないが、奥能登の人口減少に伴う過疎化は深刻な問題である。そればかりか、年齢別人口構成をみると高齢者（65歳以上）の比率が年々高くなっていて地域社会を支える若い人びとが減少していることである。

日本経済の高度成長の過程で地方の若年齢層が大都市に集中したのは全国的な傾向であるが、能登地域でもその例外ではなかった。その根底には能登地域に若年齢層が流出せざるを得ない事情があり、それが解決し得なかったからである。日本都市年鑑（1984年版）によると1人あたりの所得（1982年7月1日現在）は、全国平均を100とした場合、金沢市では111.4に対し、七尾市86.8、羽咋市82.5、輪島市68.0、珠洲市65.3とかなり少ないことがわかる。経済成長期に都市的生活様式が農村のすみずみにまで浸透して生活水準が上がったが、それに見合った所得があげられないかぎり、人口の流出がみられるのは当然のことである。しかも所得の地域格差がなくならないかぎりどうしても所得の低い地域から高い地域へ人口が流出しやすい。

　1982（昭和57）年10月1日から1983（昭和58）年9月30日までの1年間の転出、転入者を年齢階級別にみると、羽咋郡市、七尾鹿島、奥能登のいずれの地域でも転出者総数では県外よりも県内へ転出する者の方が多いが、10歳代では県内よりも県外へ転出する者の方が多い。七尾鹿島では20歳代でも県外に転出する者の方が多い。転出者は10歳代から20歳代の若年齢層がいずれの地域でも50%から70%を占めていて主体となっている。これらの人びとが転出する理由は就職、就学・卒業、婚姻などであり、能登地域に就業、就学の場が少ないことをうかがわせる。もちろん、能登地域に県内・外から転入する者もあるが、転入者を上回るほど転出者があるため、人口減少の一因となっている。転入する者の年齢をみるとずれの地域でも20歳代が30%から40%近くを占めているところに特徴がみられる。これらの人たちが能登地域に転入する理由は婚姻とか住宅事情による者の比率が相対的に高いが、転勤、転職などその他の理由もあることがわかる。いずれにしても能登地域の人口移動で問題となるのは転出者が多く、しかも10歳代から20歳代の若年齢層が就職や進学のために県内の金沢市や県外の大都市に流出することである。転出しないとしても奥能登地域では出稼ぎ者も多い。もともと、この地域では戦前から酒造業などに従事するために出稼ぎ者がみられたが、経済成長期には大都市の製造業

や建設業に従事する者が増えた。しかも出稼ぎ者が農家の経営規模には関係なく上層農家にまで広がったことである。

　昭和40年代の後半から能登地域に繊維とか電子部品メーカーの工場が進出して就業の機会が増え、所得の増大に役立ったにもかかわらず現在もなお能登地域が依然として相対的に低所得地域であり、人口流出地域、ひいては過疎地域であることには変りがない。石川県統計情報課の調査結果をみても1981（昭和56）年度における能登地域の1人当たりの所得は石川県全体の86%にとどまっている。能登地域のこのような性格はこの地域の産業構造に基づくものである。1980（昭和55）年の産業別就業人口の構成をみると、第1次産業24.6%（38,018人）、第2次産業32.9%（50,945人）そして第3次産業42.4%（65,600人）である。この地域の産業構造の特性としては、第1次産業の比率が高く、しかも各産業に就業者が比較的満遍なく存在してバランスのとれた産業構造となっていることである。1970（昭和45）年以降における産業構造の変化をみると、第1次産業就業者の比率が43.2%から24.6%へと急激に減少し、逆に第3次産業就業者の比率が32.7%から42.4%へと増大したことである。こうした傾向は能登地域にかぎらず全国的な傾向であるが、能登地域では第1次産業があまりにも急激に崩れたが、それにもかかわらず依然として高いことである。そして、この地域のもう1つの特性としては第2次産業就業者の比率が1970（昭和45）年の25.9%から1980（昭和55）年には32.9%へと増大したことである。つまりこの地域の第1次産業の衰退を第2次産業でカバーしているといえよう。

　第1次産業のうち農業としてこの地域で最も重要なものは米作りである。農林水産省「生産農業所得統計」によれば、1983（昭和58）年のこの地域の農業粗生産額は475億円であるが、このうち米が全体の51.5%（235億円）を占め、次いで畜産などが20.8%（95億円）で野菜とか果実が全体に占める比率はそれぞれ6.8%、1.4%ときわめてわずかである。米はこの地域の主たる作物であるばかりか、どの農家にとっても自給用としてまた販米用として重要な作

物である。しかし、能登地域の米の 10a 当たり収量は 439kg であり、加賀地域の 519kg とくらべ 80kg も少ない。能登地域の生産基盤が加賀地域にくらべて劣っているものの、生産費は加賀地域よりも多くかかるので 1 日当たり家族労働報酬は加賀地域の 6,029 円にくらべてはるかに少なく、1,614 円にしかならない。それにもかかわらず米が主食であるほか、他に有利な作物がないかぎり米作りをやめるわけにはいかない。労働力が農外へ流出する傾向が強まるなかで農家は米作りのために機械を導入することによって対応しているのが一般的な姿である。それにもかかわらず、加賀地域にくらべて能登地域では 10a 当たりの労働時間は 30 時間近くも余計にかかる。とくに、耕起あるいは整地作業、それに稲刈りと脱穀作業に多くの時間を必要としている。米は政府が一定の価格で全量買い上げてくれるので、この地域のように市場から離れたところでは最も有利な作物であり、戦前から夏の稲作と冬季の炭焼が農家の通年的農業労働を可能とし、両者の所得が一定の農家経済水準を保障してきた。ところが、戦後のエネルギー革命によって炭焼の存在意義がなくなると、農外に就業機会を求める以外に所得の保障がなくなり、「米と炭」という経済構造から「米と兼業」という形態に変わっていった。炭焼の衰退は労働力の流出・兼業化・出稼ぎの増加とともにこの地域の農業を自給的農業へと後退を余儀なくさせた。米の生産調整はこの傾向をいっそう強め、奥地の水田の放棄、荒廃化がすすんだ。しかし、エネルギー革命によって経済的機能を失った雑木林を草地や果樹園（とくにくり園）として再び利用しようとする動きが国営農地開発パイロット事業であった。この事業は 1965（昭和 40）年から始められ、1972（昭和 47）年に穴水町二子山地区で完成したのにつづいて奥能登一帯で進められている。しかし、奥能登の農業を商品生産農業に転換させるまでに至っているとは言いがたい。

新幹線の建設、開通によって農業は大きな影響を受けるであろう。そのうち直接的な影響としては加賀地域では路線、車両基地の建設と駅周辺の整備によって、耕地が減少して農業経営規模の零細化、兼業の深化が一段と進むにち

がいない。それゆえ、今から農業経営の複合化による集約的な土地利用のほか農地の有効利用について地域全体でとり組む必要がある。また、新幹線の開通によって集落が二分され共同体としての集落のまとまりが失われかねない。能登地域では加賀地域のような直接的な影響はないものの、農業労働力の流出、兼業化に伴い農業構造の再編成を迫られるにちがいない。能登地域には米のほか、くり、たばこ、野菜などの栽培がみられる。能登牛の生産は戦前から有名である。農業所得を高めるにはこうした特産品をつくらなくてはならない。石川県と石川県経済連は 1984（昭和 59）年から「一農協一産地づくり」事業をすすめているが、こうした事業をさらに促進すべきである。また、農林水産物の加工にもとり組み、付加価値を高めるとともに観光資源の開発にも役立てるのが望ましい。

　能登地域の第 1 次産業としてもう 1 つ重要なのが漁業である。能登半島が 3 面を海で囲まれ天然の良港に恵まれているほか、日本海の大和堆という好漁場に近いので漁業がさかんである。とくに内浦町の小木港は北洋漁業の基地として有名である。しかし、1983（昭和 58）年における漁業経営体数 3,195 体のうち個人経営体が全体の 95.5% も占め一般に零細である。漁船も 3t 未満の動力船が 57% も占める。会社経営のものは 41 体しかない。これら会社経営の組織をとっているものの漁船は一船に 100t から 200t 前後の規模の大きいものが多く、なかには 1,000t を超えるような大規模な漁船を所有するものもある。しかし能登の漁業の問題点は加工の比率が小さいことであり、商品価値を高めたり、需給のバランスをとるとともに高い値段を維持するためにも加工に力を入れなくてはなるまい。近年、農業だけでなく漁業でも後継者難が問題となっているが、新幹線開通後は労働力の流出、兼業化がいっそう進むことが予想されるので農業、漁業の振興に力を注ぐとともに後継者の確保に努めなくてはならない。

　第 2 次産業のうち工業についてみると、この地域は繊維工業を中心とする地方資源型工業に特化しており、全体としては付加価値の低い工業構造である。

地方資源型工業が全体に占める比率は1982（昭和57）年には全事業所の71.2%、従業者の56.0%、出荷額の52.9%である（表1-1）。この工業はとくに口能登ではウエイトが高い。繊維産業は機械工業とともに石川県の工業の大きな柱の1つであり、ながい歴史をもつ。一般的には家内工業的な中小零細企業が多いが、そうしたなかでも比較的規模の大きいものとして羽咋市の北国繊維工業㈱、鹿島町の丸井織物㈱などがあげられる。口能登地域の繊維工業は能登地方一帯に広くみられた能登上布の生産を基盤に発達したもので、その後輸出向け羽二重、人絹織物、さらに合繊織物と転換しながら現在に至った。合繊織物の生産は昭和30年代から口能登一帯の農家の賃織加工としていわゆる「8台機屋」が急激に増えたものである。金沢の産元商社が農家の余剰労力を利用したものである。農家のなかには景気のよい時にかなり積極的に設備

表1-1　能登地域における製造業

		昭和47年		昭和57年	
		実数	構成比	実数	構成比
事業所	金属加工	144	3.3%	271	6.3%
	基礎資源	34	0.8	48	1.1
	地方資源	3,436	79.8	3,039	71.2
	雑貨	593	13.8	913	21.4
	計	4,307	100.0	4,271	100.0
従業者数	金属加工	3,425	10.5	6,084	18.8
	基礎資源	376	1.2	503	1.6
	地方資源	23,843	73.3	18,119	56.0
	雑貨	4,892	15.0	7,627	23.6
	計	32,536	100.0	32,333	100.0
出荷額（百万円）	金属加工	10,943	12.1	69,735	27.6
	基礎資源	1,052	1.1	11,415	4.5
	地方資源	68,886	75.9	134,039	52.9
	雑貨	9,857	10.9	37,903	14.9
	計	90,738	100.0	253,092	100.0

（資料）通産省『工業統計表』より作成

投資したものもあるが、オイルショック以来、織物業は深刻な危機に見舞われている。このほか地方資源型工業としては木材・木製品、ケイソウ土を利用したイソライト工業などの窯業・土石業がある。また雑貨型工業としては輪島市の輪島塗と七尾仏壇がある。輪島塗は 1983（昭和 58）年に 670 企業、従業者 2,580 人に及び全国的に有名な木製漆器産地を形成している。主たる業者としては㈱大向高州堂、㈱稲忠漆芸堂、㈱五島屋などがあげられる。山中漆器をはじめ全国のたいていの漆器産地がプラスチックの漆器に転換したなかで輪島だけが木製漆器に固執し、伝統的技術に基づく高級品として高い評価を受け、生産額は 140 億から 150 億円にものぼる。七尾仏壇も真宗王国といわれる北陸地方を基盤としてながい伝統をもつ産業の 1 つである。七尾市を中心に 1983（昭和 58）年には 67 企業、従業者 170 人、年間生産額約 8 億円の規模である。

　このように能登地域の工業は地方資源型あるいは雑貨型工業を中心としながらも経済成長期以降徐々ではあるが、表 1-1 のように金属加工型工業の比率を高めている。金属加工型工業が工業全体に占める比率は 1972（昭和 47）年には事業所の 3.3%、従業者の 10.5%、出荷額の 12.1% しかすぎなかったが、1982（昭和 57）年には事業所の 6.3%、従業者の 18.8%、出荷額の 27.8% を占めるに至った。金属加工型工業のなかでは電気機械製造業に注目しなくてはならない。奥能登では石川サンケン㈱町野工場、内浦工場、門前工場などがあり、口能登では志賀町に石川サンケン㈱本社工場、富来町にトギ電子工業㈱、七尾市内では七尾電機㈱、七尾電子工業㈱などが立地してこの分野の工業が伸びている。このほか、能登地域の開発の拠点として注目されるのが志賀町の能登中核工業団地である。この工業団地は地域振興整備公団が 1976（昭和 51）年に着工し、1985（昭和 60）年全面完成を目標にすすめているものであるが、すでに 6 社が立地している。イソライト建材㈱、北陸高松電機㈱、㈱ノトウシオ、サンアロイ、富士鋼業㈱等である。

　さて、そこで今後の工業のあり方について考えると、やはり伝統的な輪島塗

や七尾仏壇などは積極的に伸ばさなくてはならない。輪島市は「漆の里」の構想をつくり、輪島市を世界の漆器産業のメッカにし地域経済を建て直そうとしている。しかし、その一方で繊維産業をはじめとする地方資源型工業の業種転換をはかることも緊急の課題である。そして、工業を外部から導入するとすれば、最近の先端技術産業を中心とする工業の立地動向を無視できない。一般に先端技術産業が臨空型立地の工業といわれるのは空港の近くで交通の便利なところに立地する傾向が強いからである。その意味では新幹線は貨物輸送しないので直接の影響はないが、情報とか人を運ぶのに便利であり、小松空港との利用と合せて考えると、新幹線が能登地域の工業立地の動向に与えるインパクトは大きいと言える。しかし、最近の企業の立地動向をみると、こうした輸送上の交通の問題のほかに、地域の都市機能、学術研究機能などソフトな立地条件を重視する傾向が強くなっている。したがって、工業用地、工業用水、電力、交通などのハードな条件のほかにこうしたソフトな条件を整備しなくてはならない。

　石川県が最高10億円の補助金を交付するという有利な条件を内容とした「先端産業等の立地促進条例」の制定という事情もあって、加賀地域には日本電気、村田製作所、松下電器産業、東芝といった先端企業の立地が1984（昭和59）年には相次いで決定した。一方、能登地域では興亜電工が鹿島町に、参天製薬が志賀町に進出したが、能登地域への工場進出は限られており、能登と加賀との地域格差は依然として埋められていない。そこで、石川県は能登地域産業構造高度化推進費補助金制度をつくり、能登地域への企業誘致に積極的にのり出した。このことはいいとしても、これまでの高度経済成長の工業開発のような大規模な工業開発ではなく、地域の特性を生かし、小規模で地域社会にとけこむような企業を誘致すべきであろう。しかし、たとえ新たに企業誘致に成功したとしてもそれに必要な高度な技術をもった労働力が確保できるかどうかが問題といえよう。それゆえ、若年労働力を地域で育て、地域に定着させる努力が重要である。そのために高度な技術者を養成する高等教育機関の整

備・充実と都市機能を充実させるとともに住みよい町をつくらなくてはなるまい。

(3) 都市機能の強化と生活圏

　能登地域の主要な都市としては七尾市（5.0万人）、輪島市（3.3万人）、羽咋市（2.9万人）、珠洲市（2.7万人）がある。それぞれの都市の人口は1980（昭和55）年の国勢調査の結果に基づくものであるが、これを10年前の1970（昭和45）年と比較すると口能登の七尾市と羽咋市はわずかながら増加しているが、奥能登の輪島市と珠洲市はわずかではあるが減少している。いずれにしても、能登地域の人口が地域外へ流出して減少傾向にあるなかで、能登地域の都市が減少かあるいはわずかしか増加していないのは都市としての機能が弱く域外へ流出する人口を吸収し得ないことを端的に物語っているといえよう。

　都市機能としてはさまざまなものがあげられようが、ここでは国土庁がいう高次都市機能として教育・医療・文化・商業・情報の施設数でみることとしたい。まず、教育施設（大学、短期大学）は能登地域にはまったくない。医療施設（病床数200床以上、常勤医師数10人以上、看護婦数40人以上のいずれかに該当するもの）は口能登に2、奥能登に1あるが、これを人口1万人当たりの施設数でみると口能登が0.12、奥能登が0.08となる。加賀地域の金沢市の0.48、小松市の0.19と比較するといかに医療施設が少ないかがわかる。また、人口10万人当たりの医師数は奥能登が8.9人、口能登が10.8人であり、石川県の20.9人よりはるかに少ない。文化施設のうち文化会館（常設座席数500席以上のもの）は輪島市文化会館（1,200席）と羽咋市文化会館（700席）があるが、図書館（蔵書数1万冊以上のもの）、博物館（一般公開されている博物館で延床面積300m^{2}以上のもの）、美術館（一般公開されている美術館で床面積300m^{2}以上のもの）などはまったくみられない。商業施設のうち書店（売場面積200m^{2}以上、店員20人以上のいずれかに該当するもの）、小売店（店舗面積1万m^{2}以上のもの、但し飲食店は除く）をみると、能登地域

には高次都市機能にあたるものはまったくない。そして最後に情報施設として情報サービス業（情報サービス、調査・広告業の合計）が奥能登に6事業所、口能登に11事業所あるだけである。

　このように能登地域の高次都市機能の集積は少ないが、県都にあたる金沢市とくらべると格段のちがいである。これは金沢市の人口42万人にくらべ能登地域の都市の人口が2万7,000人から5万人とはるかに少ないことが大きな要因であるが、それと同時に能登地域には小規模な都市が分散的に立地していて、いずれの都市も周辺の市町村部に大きな影響を及ぼすほどの力を持たないことである。七尾市が本来なら能登地域の中核都市として歴史的にももっと発展してよいのだが、七尾市自体の力が弱く、最近では能登有料道路等により広域交通網の整備によりその機能は低下しつつある。そして、七尾市のみならず羽咋市も金沢市都市圏の影響を強く受けつつあり自立性が弱まりつつある。北陸新幹線の開通後に金沢市の都市機能が強化されると、高速交通体系と情報網の整備によってかなり広域にわたって金沢市の影響を受けることになり、能登地域の都市機能は弱体化することが予想されるだけに今から強化させる努力が必要である。もちろん、金沢といえども東京・大阪などの大都市の都市機能のもとにくいこまされたり、富山・福井との都市間競争にさらされ、決して安泰ではないことはいうまでもない。しかし、いずれにしても最近の工業立地の動向をみると、ハードなものよりもソフトなもの、つまりより高次の都市機能や良好な生活環境を求める傾向が強い。それだけに、都市機能をより強化させなくてはならないのである。都市機能のうち対事業所サービスとして前述した情報、調査・広告などのサービスのほか中枢管理機能がどのくらい集積しているかも企業活動に大きく影響する。

　近年、サービスの経済化が重視される傾向が強いが、対個人サービスは各種小売業、飲食店など人口の増加に対応して集積するものである。その意味では人口の減少は対個人サービス業に大きな影響を与える。それにもかかわらず、最近では外部から大型店が進出して地元の小売店や飲食店の経営を圧迫してい

る。能登半島には1982（昭和57）年に大型店が40店舗あるが、そのうち七尾市には12店舗が集中している。もともと能登地域では自市町村内で買物する傾向が強かったのであるが、大型店の進出とマイカーの普及によって、買物客が域外へ流出する傾向が強くなった。北陸新幹線の開通によって外部から大型店の進出が強まることが予想されるだけに地元商店街としても商店自体の近代化、あるいは共同事業に取り組まなくてはならない。

　最後に指摘しなくてはならないことは生活圏の整備についてである。新幹線をはじめとする高速交通体系が整備されると生活圏が拡大することは言うまでもない。そうしたなかで重要なことは住民の日常生活圏をいかに整備して住みよい町や村をつくるかである。狭い範囲の日常生活圏が整備されてはじめて住民が定住し若年労働力の流出を防ぎ、過疎化を食い止めることができるといっても過言ではない。住民が生活するための職場、学校、病院、公園、道路、上・下水道などが整備され、都市とその周辺の農村との間に一帯的な関係ができあがってはじめて住みよい町や村ができるのではなかろうか。そうした意味からも、北陸新幹線にいかに対応するか、あるいは新幹線をいかに生かすかが真剣に討議されなくてはなるまい。

（4）　高速交通体系の整備と地域交通

　能登半島は日本海沿岸のほぼ中央部に突出した半島である。その面積は約1,800km^{2}であり、これは房総半島の約2,400km^2、伊豆半島の約1,300km^2、下北半島の約2,000km^2、津軽半島の約1,400km^{2}などともにわが国屈指の大きな半島である。しかも、能登半島の幅は約30km、長さは約90kmであって、北陸の中心都市金沢からその先端部までは直線距離にして約130km、道路距離で約160km（国道159号、249号経由、珠洲市飯田まで）にも及ぶのである。しかも、同じく半島とは言っても太平洋側の大都市圏内にある半島とはちがい、能登半島は東京や大阪などの大都市からも遠く離れた位置にある。このことが、能登半島の開発を大きく制約してきたし、海上交通の時代から近

代的な鉄道や道路交通の時代に移るにつれ、ますます開発からとり残されてきた要因の1つである。例えば、工業開発する際にも原材料や製品の輸送の面で不利だし、また近くに大都市がないため余剰労働力の利用の面で通勤兼業をむずかしくしており、出稼兼業を生み出す要因の1つともなっているのである。

かつて藩政時代から明治初期にかけては海上交通が主体で栄えてきた能登地域も鉄道を主体とする陸上交通の時代になると幹線交通路からとり残されてしまった。それゆえ、能登地域の人びとにとって鉄道の建設は長い間の悲願であったが、七尾線が輪島まで開通したのは1935（昭和10）年のことであって北陸本線の開通（明治31年）よりもはるかに遅れ、能登線が穴水から珠洲市まで開通したのは戦後のことで、1964（昭和39）年である。ところが今日では明治以来100年余りの間、国土全体を支えてきた鉄道に代って、ジェット機（航空）や新幹線、高速道路による高速交通の時代であり、北陸新幹線の着工も目前に迫っている。今後、高速交通が情報化の進展や第3次産業化、あるいは国際化のなかで大きな役割を果たすであろうことは疑いもない。とくに、大都市圏から遠隔地にある能登地域にとって北陸新幹線の開通による時間短縮の効果は大きい。現在、北陸本線を利用して米原経由で新幹線で東京に行くと4時間44分、長岡まわりで上越新幹線を利用すると上野まで4時間58分であるが、北陸新幹線ができると上野まで2時間50分で行くことができおよそ2時間の時間短縮となる。また、大阪に行く場合も、北陸本線では特急で3時間10分もかかるが、北陸新幹線ができると、1時間20分と大幅に短縮される。このように北陸新幹線が高速交通手段としてもつ意義は大きい。しかし、この北陸新幹線を本当に意味のあるものにするためには、新幹線へのアクセスを便利にしなくてはならない。

その意味でいま話題に上っている在来線、とくに能登線の廃止は絶対にさけなくてはならない。たしかに能登線はもちろん、七尾線ですら営業成績は悪く、国鉄にとっては採算の合わないローカル線であることにまちがいない。ちなみに、七尾線と能登線の1982（昭和57）年度の営業係数（100円の収入を

あげるのに必要な経費の割合）をみるとそれぞれ276、455ときわめて悪いのは事実である。とくに能登線の営業成績は悪く、国鉄の第3次廃止対象路線の1つとなっている。表1-2のように能登線の営業成績は1964（昭和39）年の開通以来年々悪化しているが、ちょうどこの時期はわが国経済の高度成長期であり、奥能登地域の過疎化の進行と密接な関連があり、能登線の問題はある意味では国の開発政策の犠牲であったとも言える。その意味では、能登線を廃止

表1-2 能登線の経営実績

年度	収入（百万円）	経費（百万円）	損益（百万円）	営業係数	輸送密度（人）
39	91	322	△ 231	352	1,918
40	117	486	△ 369	417	2,139
・41	165	557	△ 392	338	2,355
42	178	593	△ 415	333	2,510
・43	181	619	△ 438	341	2,340
・44	213	643	△ 432	303	2,375
45	219	695	△ 476	317	2,435
46	228	705	△ 479	311	2,623
47	238	791	△ 553	332	2,666
48	237	842	△ 605	355	2,631
・49	272	996	△ 724	367	2,657
・50	298	1,165	△ 867	391	2,542
・51	344	1,298	△ 954	378	2,407
52	411	1,376	△ 965	335	2,208
・53	413	1,508	△1,095	365	2,033
・54	449	1,775	△1,326	395	1,893
・55	453	1,944	△1,491	429	1,845
・56	468	2,050	△1,582	438	1,747
・57	462	2,102	△1,640	455	1,640
58	447	2,155	△1,708	482	1,581

（資料）金沢鉄道管理局調べ
（注）・印年度は運賃改定実施年
（出所）朝日新聞、1984年9月20日

するのではなく、これをより有効に活用するような過疎対策こそがいま求められているのである。高速交通が本来もつ特性から国土の全域に均等な密度でネットワークづくりを進めることは無理であるとするならば能登半島のように高速交通網からとり残される地域の政策課題の1つに高速へのアクセスが真剣に考えられてよいはずである。現在七尾線の金沢と七尾間が1時間に1本程度、七尾と輪島の間が2時間に1本程度、能登線も2時間に1本程度しかないが、輸送力を増強して便利にしなくてはならない。七尾線と能登線の列車本数を1974（昭和49）年と1985（昭和60）年について比較すると普通列車の本数が62本から40本へ、急行列車の本数も19本から14本に減少して不便になっている。もちろん、区間によっては普通列車では金沢―七尾間、金沢―能登中島間、金沢―穴水間、急行列車では金沢から珠洲間のように増えたものもあるが、総じて列車本数が減って不便になったことは否定できない。

　つぎに新幹線の効果を大きくするためのアクセスの手段としては道路がある。国道としては能登半島の口能登から海岸部に沿って、一周する形で249号と金沢から七尾の159号線がある。また、能登半島を横断する道路としては主要地方道、宇出津―町野線、穴水―門前線、七尾―輪島線などがあるが、国道や主要地方道などの幹線道路から入る道路（肋骨道路）の整備が不十分な状態である。それゆえ、現在のように自動車の普及した時代にあっては道路の整備が欠かせない。このことが新幹線の効果をよりいっそう大きいものとするのである。従来から石川県は能登半島の道路整備にまったく力を注がなかったわけではなく、1982（昭和57）年11月には能登有料道路を開通させ、内灘インターチェンジから穴水インターチェンジまでの82.9kmが能登地域の主要幹線道路として利用されている。穴水インターチェンジから珠洲市に至る珠洲道路（穴水町から柳田村までは1974（昭和49）年に完成）また、能登有料道路の連絡道として輪島道路、七尾道路が整備されつつあり、全線開通するといっそう便利になるであろう。しかし、能登有料道路が内灘町から北陸自動車道の金沢西インターチェンジまたは金沢東インターチェンジへは連絡道路が整備が遅れ

ており、交通渋滞による時間ロスが大きい。また、能登有料道路のうち田鶴浜―穴水町間の27kmは利用状況が予定していたよりも少なく、有料道路の効果的な利用が期待されている。かつて、珠洲市から、佐渡へフェリーが運行されていたが採算がとれず廃止された。しかし、珠洲市は回遊型観光ルートを設定して開発プランを進めているが、この計画は北陸新幹線の開通によって増えることが予想される観光客をさばく手段としてもまた有料道路の利用率を高めるためにも有効であると考える。さらに北陸自動車道の砺波インターチェンジから高岡、氷見を通って能登に至る能越自動車道の整備計画も進められているが、こうした計画が達成されるならば東海北陸自動車道を利用した観光客も増えるし、北陸新幹線の高岡駅を利用してこの能越自動車を使った観光客も増えるであろう。いずれにしても北陸新幹線をうまく活用するためには道路の整備が欠かせないことは言うまでもない。

5. 地域振興と青年の役割

(1) 悪条件は克服できる

　農山漁村は1960年代の工業偏重の高度経済成長によって経済基盤を失い、崩壊してしまった。その結果、青年の多くが都会へ流出していき、ムラの人びとの価値観も大きく変化し、多様化した。だが、価値観がどんなに違っていても、共通なものがあるはずだ。それは何か。私にいわせるならば、死に瀕しているともいえる地域社会を再建しなければならないということである。地域振興における青年の役割とは地域再生の主体になることにほかならない。

　地域を再生させるためには所得を向上させなければならない。能登の場合その手段はなんといっても第1次産業の立て直しである。したがって青年の役割は"生産の優れた担い手"になることだ。すでに生産の担い手として注目すべき活躍をしている青年が少なからずいる。みんなで力を合わせ、研究と努力

を重ね、豊かな未来を切り開いていこう。能登は自然条件や立地条件に恵まれているとはいえないが、悪条件を克服していくことは不可能ではない。

この場合、生産したものをいかに上手に売るかという問題がある。もちろん、第1次産業の生産物を加工することもこの中に含まれている。しかし、生産者だけでは販売・加工の組織をつくることができない。市町村役場や農協などに勤めている青年がこの仕事を受け持ったらよい。生産の担い手となってがんばっている青年を助けていくのが行政や農協の仕事であろう。だから地方公務員や農協職員である青年にも奮起を望む。なにしろ、市町村や農協は生産者が求めている開発ビジョンを持っていないのが現状である。生業者の側に立って仕事をするという意欲にいま1つ欠けているからである。両方の青年が立ち上がってこそ地域振興の道が開かれるわけだ。

（2） 政策転換の主体になれ

しごく当然なことであって、今さら強調するようなことでもないわけだが、しかし、今の能登ではこれらのことがらがうまく機能していないのではないか。地域社会振興の基礎は生産活動であり、人間関係はこの基礎の上に築かれなければならない。農政が農民の意にそぐわないものになっているのも、1つには国の政策→地方自治体→農村という上からのチャンネルだけで推し進められており、県や市町村、あるいは農協なりがこのチャンネルをひっくり返していく努力を怠っているからだといってよい。地域社会に活力を与えるためには生産に基礎をおいた住民側のプログラムが必要である。その中核となるのはなんといっても青年である。

そこで青年は、政策の転換を迫っていく主体にもならなければならない。これまでの産業政策は工業が中心で、第1次産業は軽視されてきた。この政策は今なお続いている。政府や財界は農業の見直しを強調しているが、いぜんとして農業物を海外から買い入れる方針を堅持し、日本の第1次産業振興に具体的な展望を示していないことがなによりの証拠である。したがって"国民"の名

を借りた地域振興はあったが、地域住民が心から望む地域振興はなかったといっても決していいすぎではない。

(3) ムラの人間関係改善も

　だからこそ、青年は"希望が持てる地域づくり"の主体となり、官製の政策を批判し、地域の振興に役立たない政策の転換を求めていくべきだと思う。たとえば農業構造改善事業―その土地の事情がどうであれ、圃場整備と機械の導入はワンセットである。大型機械の導入が無理な土地でも大型機械を入れなければ事業は認められない。さらに実際には単位面積当たりの事業費が山間部と平野部とでは自ら異なるにもかかわらず、全国一律の補助率で地域の実態に沿っていない。このためその土地に役立つものは取り入れてもよいが、役立たない政策は変更させるように迫っていかなければならない。

　また農村地域工業導入促進法などで工場を誘致する場合、その工場が求めている従業員はどんな農民かを見極めないと、農業の基幹労働力が工業に吸収されてしまい、ムラの経済的基盤である農業が駄目になってしまう。

　青年は社会的関係を変えていく主体でもある。ムラの支配構造は農地改革で崩れ去ったといわれているが、かつての地主支配に代わって新しいボスが地域を動かしている。ムラの人間関係を民主的なものにつくり変えていくことが必要なのである。でない限り、ムラの一人ひとりの暮らしがよくなっていかない。つまり、所得の向上とともに一人ひとりの人権が尊重されてこそムラは物心両面でよみがえるわけである。

　（北国新聞、1975年10月22日）

6. 大学と地域

　今、国立大学のあり方が問われ、独立行政法人化が話題となっている。ただ、今の議論は国立大学のあり方を行政改革とのかねあいで論じている側面が強い。しかし、国立大学を地域との関連でとらえると、地域の産業、政治、経済、教育などあらゆる分野に有為な人材を送り出してきたことを見逃すわけにはいかない。

　岡山から伯備線で1時間ほどのところに人口2万5,000人の小さな町、新見市がある。この町は山あいの高梁川に沿った町であるが、小高い丘の上に「新見公立短期大学」という大学がある。この大学は国立大学ではないが、地域社会に果たしている役割は大きい。

　周辺の村々を合併して新見市ができたのは1954（昭和29）年の事である。その当時の人口は4万人近くであったが、経済成長とともに減少して現在では当時の約半分である。それだけでなく高齢者の割合が高くなり、新見市では過疎対策が行政上の大きな課題であった。過疎対策として工場誘致も考えたが、若者の定着を図るには大学誘致の方がよいということになって東京の私立大学を誘致する案が浮上したが、経費の負担が大きすぎ、独自に短期大学を設置することになった。しかし自治省は新見市単独では大学の設置を認めないので、新見市と隣接する4町の阿新広域圏事務組合で設立することとなった。

　短大の設立にあたっては、市立商業高校の建物を使用できたことと、この地域の人びとが大学設置に熱心であったこと、さらには隣接する鳥取、島根、広島県とはすでに昭和初期の頃から総合体育大会を開催するなど幅広い交流があり、学生を募集しやすかったことなど有利な条件があったからこそ大学が設置できたのである。

　1970（昭和45）年に短期大学を誘致する計画を立ててから、10年後の1980（昭和55）年4月ようやく新見女子短期大学の開学にこぎつけた。設立

当初の学科は幼児教育学科（2年）50名、看護学科（3年）50名で1学年100名であった。当時の学生の出身地は半数が岡山県内で、4分の1が隣接する広島、鳥取、島根県、残りは西日本を中心に全国に散らばっていた。

　この短期大学は「一般教養を高めるとともに、看護及び幼児教育に関し、深く専門の知識と技能を教授研究し、よき社会人として地域における保健・医療の増進と幼児教育の振興に寄与する有為な人材を育成すること」を目的としているので、地域社会のニーズにこたえることができた。

　卒業生の多くは新見市とその周辺および県内に就職している。1999（平成11）年現在の在学生出身地をみると、兵庫県がいちばん多く、次いで岡山、島根、山口、広島とつづき全国各地から集まっている。つまり当初と比べ入学する学生の出身地はもちろん卒業後の就職先も広域化している。

　1996（平成8）年には地域福祉学科を開設するとともに、1999（平成11）年からは男女共学にして「新見公立短期大学」と名称を変更した。1学年の学生定員は3学科合わせて160名となった。この大学は看護、介護あるいは幼児教育について深い専門知識と技能を修得するとともに広い教養を身につけ、卒業後は地域の保健医療、福祉の増進、幼児教育の振興に積極的に貢献できる立派な人材を社会に送り出している。

　この成果は全国的にも注目され、その後に釧路公立大学、宮崎公立大学の設置とつづいている。新見公立短期大学は1999（平成11）年、開学20周年を迎えた。一方、介護保険制度は2000（平成12）年4月からスタートする。新見公立短期大学の果たす役割はますます大きくなっており、これから新たな役割が期待され、その力量が試されることは間違いない。

　（電気新聞、平成11年11月）

第2章
地域公共交通の整備

1. 新時代の地域交通とその課題

　地域交通は今大きな転換期にさしかかっている。それは1つには、都市では都市化に伴う郊外への人口移動と都心の空洞化、地方では人口減少と過疎化・高齢化という問題に直面しており、解決を迫られている。さらには、マイカーの利用者が増え、クルマ社会に伴う公共交通の存続が危ぶまれていることである。そして、地球規模の環境問題が深刻になるにつれ、環境の悪化にどう対応すべきかが問われている。まさに、地域交通は危機に直面しているといっても過言ではない。第2には、それにもかかわらず、今、地方分権化が進み中央依存のシステムからいかに脱却するか、規制緩和に伴う種々の問題にどのように対応するかが問われているのである。
　このような新しい動きを踏まえ、富山県を事例として地域交通がかかえる問題を明らかにするとともに今後の課題について述べることとしたい。なお、ここでいう「地域交通」とは都市交通ならびに地方交通からなるもので、都市間を結ぶ新幹線や高速道路、航空などとは区別する。

（1） モータリゼーションの進展と公共交通
　わが国経済の高度成長の過程で地域交通も大きく変わったが、その1つはモータリゼーションに伴うマイカーの増加と公共交通の衰退である。地方では

過疎化に伴う人口の減少とマイカーの普及によって鉄道やバスなどの経営が危機に陥っているが、都市でも都心の空洞化に伴いバスや路面電車が同じような状況に追い込まれている。公共交通の衰退によって住民の足が無くなり、とくに老人や身体障害者などのいわゆる「交通弱者」は生活することすら難しくなっている。公共交通が衰退するとますますマイカーが増え、いっそう公共交通の衰退に拍車がかかる。

　富山県内には北陸線をはじめJR路線が5路線あるが、この他に私鉄として富山地方鉄道と加越能鉄道がある。乗車人数はすべての路線で減少している。富山県の鉄道網は富山・高岡両市を中心として放射状に伸びていて東西に走る北陸本線がメインであり、乗車人数の減少率は小さいが、富山港線や氷見線などの減少率はとくに大きい。バス路線も鉄道網と同じく富山、高岡両市を中心にネットワークが広がっており、通勤・通学の足として利用されている。しかし、バスの乗客数は1998（平成10）年度には1983（昭和58）年度の3分の1にまで減少してしまった。富山県では道路整備が進んでいることもあって、交通機関別分担率は89.6%が自動車であり、鉄道が7.3%、バスは2.9%にしか過ぎない。

　今、公共交通をいかに守るかが県内でも最も重要な課題の1つである。鉄道駅周辺の駐車場、駐輪場を整備して、パーク・アンド・レール（バス）ライド、サイクル・アンド・レール（バス）ライドを促進するとか、バス・鉄道乗車カードの共通化、都市型コミュニティバスの導入の検討など進めるべきである。

　また、富山県は全国でも有数の積雪県であり、積雪時には自家用車の使用が困難になることから住民の足を確保するために公共交通の果たす役割は大きい。路面電車は公共交通として全国的に都市部で重要な役割を果たしてきたが、現在では全国19都市に残るのみである。富山県高岡市と新湊市の12.8kmを結ぶ万葉線は今大きな転機を迎えている。現在、万葉線の利用者はピーク時であった1972（昭和47）年度の年間475万人の4分の1以下に減少し、毎年7,000万円以上の赤字を出しており、加越能鉄道株式会社は廃止して

バスに転換する計画である。これに対し、県、市、市民の間では第3セクター方式で存続できないか検討会を開いて存続の可能性を模索している。

（2） 高齢化社会への対応

富山県では高齢化率（65歳人口の比率）が、1995（平成7）年には17.9%を占めており、全国平均（14.5%）を大幅に上回っている。今後、全国より早いペースで高齢化が進むものと予測される。高齢者の移動手段を確保し、交通安全の向上を目指して高齢者に利用しやすい公共交通として低床バスの導入や、バリアフリー化を進めるための鉄道駅でのエレベーターなどの設置を計画している。富山県内の交通事故件数は1995（平成7）年をピークとして減少しているものの、10年前に比べ依然として高い水準にあり、しかも高齢者の交通事故が増えていることから高齢者にやさしい、バリアフリー化を目指している。

（3） 環境にやさしい交通体系

自動車の増加に伴う二酸化炭素の排出に去る環境問題が全国的に課題となっているが、富山県でも環境にやさしい交通体系を構築しなくてはならない。とくに、立山・黒部アルペンルートや五箇山の合掌集落などで観光客が増えているのでマイカーの規制やアイドリングストップなど環境と観光の両立する環境にやさしい交通体系の整備が必要となっている。

富山地方鉄道が1999（平成11）年に行ったサイクルトレインの成果を踏まえ今後も継続・拡大を図ることが望まれる。また、富山市内の中心市街地活性化とマイカーから公共交通へのシフトを目的として休日割引制度（エコ定期の一種）を1999（平成11）年度に導入したが、今後も継続・拡大すべきである。

もちろん、根本的には低公害車・低燃料車を導入するとかノーカーデー、エコドライブなどドライバー自らが環境を守る意識を持つことが重要であることは言うまでもない。こうした試みも始まったばかりであるが、今後とも継続・拡大していかなくてはならない。観光地へのパーク・アンド・バスライドも五

岡山で試験的に始められた。

(4) 情報化に対応した地域交通

大都市に比べ需要の少ない地方都市や山間地域では季節や曜日、時間帯などによって公共交通に対する需要の変化が大きい。こうした需要の変化を正確に把握することは利用者の利便性の向上、車両や運行の適軍規模、ひいては公共交通の維持・確保を図るために重要である。ITSなど高度情報化の活用はデマンドバスやフリー乗降バス、乗合タクシーの活用などの可能性を広げるものとなろう。

(5) 地域交通問題と地域政策

モータリゼーションの進展と公共交通の衰退などを伴うマイカーの増加によって、交通渋滞、交通事故、環境問題など種々の問題が生じている。高齢者や身体障害者などの交通弱者、通勤・通学者などにとっては鉄道・バス・路面電車などの公共交通は住民の足として極めて重要な交通手段である。しかし、以上に見られるようにこうした公共交通の維持・確保が難しくなっている。需給調整規制の廃止に伴い今後、交通事業者の経営的観点が強まることが予想されるので国が行う補助制度の見直しや地方自治体の取り組みなど積極的に公共交通を確保する取り組みが欠かせない。ヨーロッパではたとえ赤字であっても公共交通を維持することが一般的である。

しかし、地域交通がかかえる問題は交通事業の需給関係のみに限定されるべきではない。広く、交通事業が維持・発展するべく、地域経済を活性化させ都市機能の充実と人口増加を図ることである。マイカーが増加して公共交通の維持が困難になっている今日、当面、地域交通のあり方として「交通」そのもののあり方も検討しなくてはならない大きな課題であるが、広く「地域づくり」が欠かせない。その1つは最近、空洞化が問題となっている中心市街地の活性化であり、もう1つは過疎地域の振興である。

(『運輸と経済』、第60巻第9号、2000年9月)

2. 道路整備と地域振興

　道路は国民の日常生活や経済活動に欠かすことのできない最も基本的な社会資本である。道路の整備によって安全で確実な輸送が可能となり、安くて、早く輸送できるほか、地域の振興にも役立ち、他地域との交流・連携も強化される。1954（昭和29）年に始まる第1次道路整備5か年計画以来、引き続いて道路整備に取り組み、現在の第11次道路整備5か年計画に至っている。

　富山県内には高速自動車道として北陸自動車道（昭和63年完成）と東海北陸自動車道（一部開通）、そして能越自動車道（一部開通）があり、首都圏、近畿圏および中部圏と広域的な連携を深める幹線自動車道として大動脈となっている。これに加え、国道として北陸の大動脈として県内を東西に結ぶ8号、富山から高山を経て中京経済圏を結ぶ41号、156号、高岡から能登へ向かう160号など10路線、476kmがある。県内の道路はこれら高速自動車道と国道を基幹として道路網が形成されており、これに県道として2路線は、2,148kmがある。

　これらは富山県が目標とする全県一都市社会をめざす30分交通圏の確立に役立っている。さらに、県内の市町村道としては2万3,907路線、9,697kmがあり、国道・県道を補完する生活道路となっている。しかし、国道の改良率92.3%、舗装率91.3%、県道の改良率82.5%、舗装率88.2%に比べ、市長村道の改良率は21.7%、舗装率は24.0%と道路整備が著しく遅れているのが現状である。

　一方、県内の自動車台数は1976（昭和51）年の31万5,254台から1995（平成7）年には71万5,037台と過去20年間に2.2倍に増加したことになる。自動車の普及状況を見ると、一世帯当たり、2.1台と全国平均を上回っている。富山県では比較的道路整備が進んでいること、バス・鉄道などの公共輸送機関の便利が悪いこと、さらには就業率が高いことなどを反映してクルマ社会

が進んでいる。したがって、道路交通需要量が年々増加しているにもかかわらず、道路整備が追いつかない状況である。

東海北陸自動車道・能越自動車道の早期完成、国道41号線の拡幅、山麓を東西に結ぶ道路の建設など県民が期待しているところである。富山県が1997（平成9）年に発表した「道路整備の将来とビジョン（案）」は「住みよい県」から「住みたい県」を目指すことをうたっているが、文字通り「住みたい県」にするためには道路整備は今後とも大きな課題である。

さらに、交通事故による死傷者（人口1,000人当たり）は全国平均よりも高い。しかし、県内の交通事故による死者は1972（昭和47）年の213人をピークに年々減少し、1995（平成7）年には97人であった。道路整備が進み、ドライバーの安全意識が高まったためである。死者の50％は65歳以上の老人であり、30％は24歳以下の若者であることを考えると、生活道路にまで車があふれ子どもたちやお年寄りが安心して暮らすことは難しくなっている。

そればかりか、冬になると雪が降り、クルマ社会は道路の除排雪を不可欠なものとしている。富山県は1988（昭和63）年に全国ではじめて総合雪対策条例を制定して雪対策に積極的に取り組んでいるが、今なお不十分である。

道路の整備によって工業団地もでき就業機会が増えたし、県外からの観光客も増えた。また、高速道路を利用して東京や大阪に行くのも便利になったし、宅配便を利用して荷物を全国どこにでも翌日には届けられるようになったのも事実である。しかし、まだまだ道路の整備が需要に追いつかない状況である。にもかかわらず、国の新しい道路政策は事業目的と効果を十分に確認して費用対効果を重視するという方針を打ち出している。また、太平洋側の東名自動車道や中央自動車道が黒字であるのに対し、北陸自動車道や東海北陸自動車道が大幅な赤字であることも問題とされることが多い。

しかし、太平洋側のように早く高速道路ができ、人口集積の大きいところは収益が多く黒字になるのは当然であって、その反対に日本海側のように人口集積が小さく雪の降るところは不利であることもまた、当然である。これだけ地

域格差の大きくなった現在、はたして国の道路政策は全国一律でよいのだろうか。道路政策は地域の実状を踏まえた地域政策の一環であるべきだと私は考えている。

(電気新聞、1998年3月9日)

3. 北陸地域の物流拠点整備

(1) 物流効率化・高度化の促進

物流は経済社会基盤の基礎であり、国民生活と産業を支える上で重要な役割を果たすものである。その物流は産業構造の変化や消費者ニーズの多様化などによって次のような問題が生じている。

① 最近、多品種・高頻度・少量・迅速な物流に対するニーズが高まっているが、経済社会の国際化・情報化・技術革新などはこの傾向に一層拍車をかけている。

② 輸入物流が増えているが、これに対して円滑な国際物流システムの構築が必要である。

③ さらに、近年、環境問題、交通渋滞、労働力の移動など物流をめぐる社会的問題が深刻になっている。

以上のような経済社会のニーズに対応するために、より効果的な物流体系の構築が求められている。物流拠点の整備によって効率的な物流体系の構築に貢献できる。

このような物流拠点は都市間、地域間物流の円滑化に資するとともに、物流サービスの提供、物流共同化の促進、輸入の拡大などの社会的要請に対応するとともに情報化・自動化を通じて保管・配送・流通・加工等の各種の業務を処理するための多様な機能を有する施設を整備することによって物流の効率化・高度化の促進に役立つものと考える。

しかし、物流拠点の整備には莫大な投資を必要とするにもかかわらず必ずしも投資効果が大きいわけではない。また、物流の拠点整備について地域住民の理解が得られていないとか、適地の確保が困難であるとかの理由で物流拠点の整備が必ずしも円滑に進まないというのが実状である。こういった点を配慮しなくてはならない。

また、物流拠点の整備が進められるとしても、民間業者などが個々別々に整備するのではなく共同で効果的に行うことが不可欠である。国、地方公共団体などでは物流拠点の整備の指針をつくり、民間事業所の要望・計画を踏まえて拠点整備を促進していくことが重要である。

(2) 物流拠点と社会資本の相互連携の促進

物流基盤の整備が効果を上げるためには、道路・鉄道・港湾などの社会資本が整備され、物流拠点との相互連携が促進されねばならない。

北陸の社会資本としては、農林水産基盤や生活基盤の整備は全国的にみても劣っているわけではないが、道路・港湾・空港・鉄道などの産業基盤の社会資本の整備は遅れているといってよい。北陸で全線が開通している高速道路は北陸自動車道のみで、東海北陸自動車道や近畿自動車道敦賀線、能越自動車道、中部縦貫自動車道などはいずれも建設中である。東海北陸自動車道よりも6年以上も後に施行命令が出された磐越自動車道はすでに1997(平成9)年10月に全線が供用開始され、中国横断自動車道の岡山米子線や広島浜田線もすでに開通していることを考えると、北陸における道路整備は遅れているといわざるを得ない。

(3) 北陸の発展の可能性

北陸は古くから大陸との交流と日本海航路の拠点として発展し、高い人口集積をながく維持してきた。江戸時代から明治初期にかけて最も人口の多いのは新潟県であった。1878(明治11)年の都市人口は金沢市が10万8,000人で全

国第5位、次いで富山市が5万8,000人で全国第9位、福井市が4万2,000人で全国で第15位、新潟市が3万6,000人で全国第17位であったが、現在（平成8年）ではそれぞれ第32位、第58位、第85位、第23位と地位が低下してしまったことがわかる。

　つまり、明治維新以降、政府は富国強兵、殖産興業というスローガンのもとで欧米の列強と対抗するため、太平洋側重視の政策をとり、東京一極集中の構造をつくりあげてきた。その結果、北陸地域は政府の国土政策によって次第に発展から取り残されただけでなく、東京・大阪などの大都市を拠点とする放射状のネットワークのもとで北陸地域は分断されることとなった。

　一般に「北陸」というのは富山・石川・福井の3県をいうが、新潟県を加える場合もある。この時、古くから使われてきた「越しの国」いうのが適当であろう。北陸は日本列島の中央部に位置し、豊かな自然と文化・歴史を有し、特色のある産業、技術を集積し、東京、大阪、名古屋などの大都市圏に次ぐ高い所得を上げている豊かな地域である。北陸は東京、大阪、名古屋などの大都市圏とも等距離にあり、交通ネットワークが整備されればその優位性を発揮し、今以上に発展しうる可能性を秘めていると言ってよい。つまり、北陸はこれら3大都市圏をヒンターランドとすることによって発展しうるといえよう。

　一方、日本という国の国土構造はあらゆる機能や人口が東京一極に集中し、東京から名古屋、大阪、福岡に通じるいわゆる太平洋ベルト地帯に重心があることは言うまでもない。このような一極一軸型の国土構造を転換させ、日本列島を多極多軸型の国土構造に転換するためにはいわゆる「日本海国土軸」の形成が不可欠である。北陸各県の相互交流と連携が強化され、東北地方や山陰地方との交流、連携が活発になって「日本海国土軸」が形成されるならば、物流も相互に活発になるといえよう。

（4）環日本海交流圏のゲートウェイ

1980年代後半以降、日本海は「対立と緊張の海」から「平和と友好の海」へと大きく変わり、日本海を囲んで日本とロシア極東地方、韓国、北朝鮮、中国東北地方との交流が活発になってきた。つまり、東西冷戦構造が崩壊して、「環日本海時代」とよばれるような新しい時代を迎えたのである。

今日、ロシアの政治的不安と経済の混乱、日本の北方領土の問題、朝鮮半島の緊張、中国東北地方の経済の停滞などけっして環日本海交流の展望が明るいわけではなく、紆余曲折はあるものの、21世紀は「環日本海時代」であることは言うまでもない。北陸にとってはこういう新しい時代にどう対応するかが問われている。すでに、北陸各県とも行政、財界、民間、大学などあらゆる分野にわたって対岸諸国と活発に交流しており、環日本海交流を積極的に進めている。

1985（昭和60）年のニューヨークのプラザホテルにおけるプラザ合意、さらに円高不況によって北陸の企業も生産拠点を中国をはじめとする対岸諸国に移しており、人的・物的交流も活発になってきた。富山空港からはソウル、ウラジオストク、大連便が就航しているし、小松空港からはソウル便のほかヨーロッパのルクセンブルクとの間に貨物専用の国際定期便が就航している。一方、北陸の港湾として外国貿易を取り扱っているのは伏木富山港のほかに金沢港、七尾港、福井港、敦賀港、内灘港の6港湾がある。近年、コンテナ貨物の増加により、これらの港と東アジアの国々との輸出入が激増している。伏木富山港からは、ボストーチヌィ、釜山、台湾、香港、シンガポール、大連、天津、青島、上海などに、金沢港と敦賀港からは釜山、台湾、香港、大連、上海などに外貿コンテナ航路が開設されている。

日本海側航路の海上運賃が太平洋側の主要港湾に比べて高いため、北陸の港湾の海上運賃での優位性を見いだせないが、北陸の港湾を利用すると太平洋側主要港湾までの陸送費用の削減が見込め、トータルコストの大幅な低減が可能となる。金沢港を利用している事業所に対するアンケート調査によれば、金沢

港を利用する理由として「トータル輸送コストが安い」とか「海上運賃が安い」という理由をあげている。伏木富山港を利用している事業所に対するアンケートでも同じように「海上運賃、陸送等のトータルコストが安い」という理由を主なものとしてあげている。つまり、北陸の港湾を利用すれば陸上輸送費がかからないので輸送費が全体として安くなるという利点がある。

　ところが、北陸の港湾ないしは空港で取り扱われている貨物は域内で生産あるいは消費される取引のごく一部（1～3割）で、多くは太平洋側の主要港湾・空港を経由して輸出入されているのが実状である。今後、環日本海交流が活発になれば、北陸の港湾の重要性は一段と高まるであろう。

　1998（平成10）年3月に国土庁が発表した『21世紀の国土のグランドデザイン』によれば、北陸は「『環日本海交流の核圏域として360度の地域連携と国際交流が行える連携、交流の先導的地域』として発展が期待されている」（p.116）として、「地域内および隣接する地域との機能分担を図りつつ、中枢拠点都市圏を中心に国際交通機能の集積を図ることとし、伏木富山港など国際交流の拠点となる空港、港湾などにおいて物流施設の整備やアクセスのための交通基盤の整備を図る」（p.117）という。しかし、1995（平成7）年6月に運輸省が策定したおおむね2010（平成22）年を目標とする港湾整備の長期ビジョン、『大交流時代を支える港湾』によれば、国際コンテナ港湾機能の競争の強化策として中枢国際港湾4地域、中核国際港湾8地域を定めているが、日本海側では新潟港だけである。北陸が環日本海交流のゲートウェイとしての機能を果たすためには、国際物流の拠点として国際競争力がありゲートウェイ機能を備えた国際港湾として整備する必要がある。

　（書き下ろし）

4. 富山ライトレールの開業

　2006 (平成 18) 年 4 月 29 日、富山市で国内初の次世代型路面電車 (LRT) が開業した。これは廃線された JR 富山港線を引き継いだものである。富山港線は富山駅から市北部の岩瀬浜駅までを結ぶ JR 西日本の赤字ローカル線であった。1924 (大正 13) 年に富岩鉄道として開業以来、経営の主体は富山地方鉄道、国鉄と変わったものの富山市北部の工業開発と物資の輸送、住民の足として、また旧制富山高校や富山薬学専門学校の学生の通学手段として大きな役割を果たしてきたことは言うまでもない。しかし、オイルショックを契機として工場の縮小・閉鎖が相次いだこととモータリゼーションの普及による貨物の取扱量や乗客の減少によって富山港線の経営は年々悪化し、赤字が続いていた。最近は特にその傾向が目立つようになった。1989 (平成元) 年から 2004 (平成 16) 年までの間、沿線 5 校区の人口は 4 万 5,000 人余りとほとんど変わらないのに自動車の保有台数は 17 万台から 24 万台に大幅に増加し、通勤・通学に富山港線を利用する人は 1 日あたり 6,400 人から 3,115 人と半減した。列車の 1 日あたり本数は 25 本から 19 本に減少した。多くの人がいずれは廃止されるのではないかと心配していたのも無理はない。

　こういう状況にあった富山港線を路面電車として活用することになったのは北陸新幹線の建設に伴う連続立体交差事業であった。この事業を実施するに当り、富山市は 2003 (平成 15) 年 5 月、廃止の決まっていた同線を路面電車として活用することに決定した。超低床型の車両が導入され、環境負荷は小さく、高齢者や障害者にも優しいのが特徴である。施設は富山市が整備し、富山ライトレールという第 3 セクターの会社が運営するという、いわゆる公設民営方式を採用した。富山駅北から岩瀬浜駅までの 7.6km のうち 1.1km は線路を新たに敷設した。路面電車は昭和 40 年代には全国 65 都市で走っていたが、次々と廃止され、現在ではわずか 17 都市 19 路線にまで減少した。全国的に路

面電車の存続が危ぶまれる状況の下で富山市があえて路面電車を導入したことは画期的なことである。

　富山市は2005（平成17）年4月に周辺の6町村と合併し、人口42万人の県庁所在地である。全国的にもけっして、大きな都市とはいえない。その富山市が「持続可能な都市」を実現するためにこれまでのような自動車の利用を前提とした拡散型の都市から公共交通を活用し、都市機能を集約した「コンパクトなまち」をめざして厳しい経営を覚悟のうえ富山港線の路面電車化に踏み切ったのである。この路面電車は新幹線開業と同時に富山駅高架の下を南に延伸して現存する市内電車と接続させ、環状線にする計画である。大都市ならいざ知らず40万都市の富山市が取り組む路面電車をいかした「コンパクトなまちづくり」はまさに「小さな都市の大きな挑戦」というべきである。

　富山市が「コンパクトなまちづくり」に取りくむのはなぜか。富山市では中心市街地の空洞化と衰退が進んでいて、その一方では市街地は郊外に拡散しており、人口密度は県庁所在地としては全国で最も低いといわれる。高度経済成長期に市街地を拡大させたので郊外に一戸建ての住宅を持ちマイカーで通勤するというパターンが一般化した。郊外の大型店で買い物すると、市民が稼いだお金は東京などの大都市に還流してしまう。つまり、地域経済の循環機構が弱まっているのである。

　路面電車の開通で「コンパクトなまちづくり」の第一歩はできた。問題はこれからである。大きな挑戦には多くの問題が横たわっている。その第1は街なか居住を促進する政策を進め、循環型の地域経済を再構築して、コミュニテイを再生させることである。第2は、くるま社会を見直し、乗客をいかにして増やすかである。乗客が増えない限り税金を投入せざるを得ない。赤字であっても税金を投入するという合意が市民の間でできればよいが、もしそうでなければ極力赤字を減らす努力をして市民の理解を得ることである。それには、マイカーの利用者を減らすか、乗客を増やすかである。乗客を増やすような施策が欠かせない。富山駅から岩瀬浜駅までの所要時間はあまり変わらないが、LRTの料金は片道

大人 100 円、小人 50 円と安いし、JR では日中は 1 時間に 1 本程度だったのが LRT では 15 分に 1 本と便利になった。今後ともこれを維持してもらいたい。また、沿線に住宅を増やすとか、病院や介護施設などお年寄りに便利なまちづくりが要請される。第 3 は、人びとが集まり、路面電車を利用する人が増えるようにすることである。かつて、北前船で栄えた岩瀬浜では観光客を受け入れるために「まちづくり」が始まっているが、俗化しないようにしなくてはならない。また、富山県は環日本海交流の拠点を目指しているが、富山市も「国際交流のさかんなまちづくり」をめざし、県と協力してここに国際交流センターをつくり、岩瀬浜から日本海を眺めながら対岸諸国との交流のあり方を考えるような施設があってもよいのではなかろうか。このことが、富山市を日本、アジア、そして世界へと広げ、存在を多くの人びとに知らせることにつながるのである。いずれにしても、早急に乗客を増やす計画がたてられなくてはなるまい。

　富山港線は JR 線から LRT へ異例の転換で全国的にも注目されていたが、開業後も順調に乗客が増えており、全国の自治体関係者などの視察が相次いでいる。LRT の建設費は 1km あたり 15 億から 25 億円と地下鉄の約 10 分の 1 といわれる。LRT はただ単に建設費が安いだけでなく、高齢者や環境にもやさしく、公共交通を見直し、まちづくりに役立てるものと期待されている。国土交通省は今後 10 年間に全国の約 10 都市で導入する計画である。北陸新幹線は 10 年後には開通するものと期待されている。しかし、新幹線の開通によるストロー現象が懸念されるだけに、それまでの 8 年間が勝負である。今後、会社と行政、市民が一丸となって全国のモデルになるような「コンパクトなまちづくり」に取り組んでもらいたい。
　（北国新聞、2006 年 5 月 4 日）

参考文献
草　卓人編『鉄道の記憶』桂書房、2006
蓑原　敬『街は、要る』学芸出版社、2000
RACDA 編著『路面電車とまちづくり』学芸出版社、1999
海道清信『コンパクトシティ』学芸出版社、2001
TC 出版プロジェクト『ありがとう富山港線、こんにちはポートラム』2006

第3章
都市づくりと歴史・文化

1. 都市づくりと水辺空間

　最近、「間」という言葉がいろいろな意味で問い直されている。その1つは、「時間」であるが、子どもたちは受験勉強で遊ぶ時間がないとか、働くお父さんは忙しくて休む時間がないと嘆いている。2つ目は、今の子どもたちは遊ぶ空間（場所）が少ないことである。かっては道路や小川で遊んでいたのが、今では道路には自動車があふれ危なくなり、小川は埋められてコンクリートで固められてしまったので遊べない。3つ目は、遊ぶ「仲間」（「遊ぶ」だけでなく、いろいろな意味での仲間）がいなくなったことである。競争が激しくなり、個人主義が強くなって、仲間意識が乏しくなり、仲間がいなくなったことである。
　これら3つの「間」はいずれも「ゆとり」とか「遊び」の問題である。自動車でもクラッチに「あそび」があるように、私たちの生活にも「ゆとり」とか「遊び」があってはじめて、豊かで楽しい毎日が送れるのではないだろうか。
　かつて、私たちが小さい頃、魚やほたる、虫をとったり、水遊びをしたり、散歩や花見をして楽しんだ小川や用水路が最近では姿をかえたり、なくなっていることが多い。このままでゆくと、私たちを育んでくれた小川はなくなってしまうのではと危ぐを感じるのは私だけではあるまい。
　都市のなかを流れている小さな川や水路は私たちの生活にとけこんでいる

場合が多い。わが国では都市の多くがかって城下町であったケースが多く、それらは「水」を巧みに生かして水路をはりめぐらしていることは周知のとおりである。金沢、高山、津和野、岡山、萩などはその典型である。これらの町を歩いていると、なんとなく気持ちがやわらいでくる。ところが、最近、急激に都市化が進んで、都市のなかの小川や水路が改変されたり、なくなっていることが多い。私が好きだった町もどんどん変わっていく。そうして、道路やビルが増えて都市が大きく変わりつつある。狭くなった小川や水路にはいろいろなものが投げ捨ててあったり、汚水が流れ込んで悪臭がする。このような時、息が詰まるほどの痛みを感じることがある。それと同時に、川や水と都市が仲良く共存できないものか、そのような都市はつくれないものかと考えさせられる。

　私は1999（平成11）年4月、岡山大学に転勤したが、さっそく岡山市を歩いてみた。岡山市の人口は現在、約62万人だが、これは1969（昭和44）年、1971（昭和46）年、1975（昭和50）年と過去3回にわたって周辺の町村を合併したことに加えて、周辺からの流入人口の増加によってそれまで32万人ほどであったのが、倍増したことになる。それと同時に山陽新幹線、瀬戸大橋、山陽自動車道、国道2号線バイパスなどの高速交通網の整備によって企業や住宅が増えて市街地が拡大したことである。今や岡山市は中国四国の拠点として発展しつつある。その結果、中心部の空洞化さえ問題になっている。

　このように、岡山市が大きくなるなかで、都心に水と緑をつくり市民にやすらぎとうるおいを与える「水と緑のまち」を目指して都市づくりの一環として取り組んできたのが「西川緑道公園」事業である。

　岡山市の中心部を南北に流れる西川（2.5km）は400年を超える歴史を有する用水路である。特に1972（昭和47）年に岡山市は中心市街地の緑化拠点として位置付け、西川用水を挟んで幅35mの緑道計画を作成した。これに対して付近の住民から反対運動がおこったので、一部計画を変更して1974（昭和49）年度から事業に着手し、1982（昭和57）年度に完成した。総事業費は6

億5,500万円であった。西川用水の両側には約3万6,000本の樹木が植えてあり、春にはサクラ、ツツジ、夏にはアジサイ、サルスベリ、秋にはハギ、キンモクセイ、そして冬にはツバキ、サザンカなど四季おりおりの花が咲きみだれる。川にはニシキゴイ、アユ、フナ、メダカなどが泳いでいる。

こうして、西川緑道公園は水に親しみ、四季を通じて緑や花にあふれ、「ふれあい」と「憩い」の貴重な水辺空間として市民に親しまれている。岡山市を訪れた人たちも西川緑道公園を歩いてその素晴らしさに驚くばかりである。
(電気新聞、1999年5月31日)

2. 百万石の城下町・金沢の魅力

「都市の魅力」とは何か。地理学者の清水馨八郎、服部銈二郎先生はすでに鹿島出版会から『都市の魅力』という本を出版されているが、それによれば、「都市の魅力とは都市が人間をひきつける不思議な力のことである」という。とすれば、金沢は全国的にも魅力のある都市の1つではなかろうか。とくに、女性には魅力のある町のようだ。

私は名古屋で勉強した後、金沢、富山を経て、今春岡山に転勤した。金沢には1973(昭和48)年から7年間住んでいたが、その頃はあまり感じなかったことだが、過ぎ去ってみると金沢は「何となくよい町だ」という感じである。そういう意味では、私にとっても金沢は「魅力のある都市」である。

とすれば、金沢の魅力はどこにあるのだあろうか。その1つは、金沢の自然、風土である。金沢の街は犀川、浅野川の2つの川が東の丘陵地から西に続く平野に出るところにある。この犀川と浅野川にさしはさまれた台地が小立野台地であり、その西端に兼六園、金沢城、尾山神社などがある。そして、浅野川の北には卯辰山台地、犀川の南には寺町台地がある。浅野川と犀川は金沢の街を形づくる重要な自然の天恵であり、台地は春から秋にかけて街は緑に移

り、川の水明とあいまって古くから金沢を万緑水明の地とした。金沢は水と緑の美しい街で歩けば楽しい坂道の多い街である。1908（明治41）年頃、金沢を訪れた長谷川如是閑が金沢を「日本のバッファロウ」と言ったのも当然のことかもしれない。毎年12月ごろになると雪が降りだし、時として大雪をもたらし雪害を被むることさえある。しかし、金沢では雪がふってはじめて冬であり、その雪が金沢を魅力的なものとしていると言ってよい。

　金沢の魅力の2つ目は加賀百万石の城下町として400年の歴史を味わうことができることである。日本の古くからの城下町が戦災によってほとんどその面影を失ってしまっているのに対し、金沢には古いものが残っていて、しかも百万石の城下町だけあって重みが感じられる。金沢城をはじめ、兼六園、武家屋敷、その他数多くの寺院など城下町の伝統を残している。しかも、幸いにも金沢が開発の波からとり残されたので、当時の面影を残しており、生活のなかにとけこんでいるのは他の都市にはみられないことである。街全体が公園のような美しさと歴史の重みを感じさせてくれる。金沢は江戸時代から明治の初めまで、江戸、京都、大阪に次ぐ大都市だったのである。

　金沢の魅力の3つ目は伝統文化である。加賀藩は最大の外様大名であったが、「文化」こそ、国を守る最強、最高の武器として武力によらず文化政策に力を入れた。かつて、新井白石が、「加賀は天下の書府なり」と感嘆したのも無理はない。三代藩主前田利常は江戸や京都から優れた工芸職人らを呼び集め、代々その持てる富を美術や学問などに注いだのである。蒔絵、漆、紙、金具、大工、刀工などを招き、加賀蒔絵、大樋焼、九谷焼、輪島塗、加賀友禅、金箔などの美術工芸品をつくりあげた。このほか、海の幸、山の幸に恵まれる金沢には季節の食材を生かした伝統的な加賀料理がある。また、福正宗や白栄などおいしいお酒や長生殿、柴舟などの和菓子もある。金沢では泉鏡花、徳田秋声、室生犀星などの作家や西田幾多郎、鈴木大拙、暁烏敏などの思想家も輩出している。明治維新のバスに乗り遅れた金沢は政治、経済の世界よりも文学や思想などの分野で多くの優れた人を中央に送り出している。

金沢のこのような歴史と風土は老いも若きも、男も女も茶道や能楽、武道などの芸事を身につけ、ひいてはそれは広く文化を身につけることとなり、古くは第四高等学校の設置、最近ではアンサンブル金沢の結成などにあらわれている。
　このように、魅力のある金沢であるが、最近の金沢の再開発をみると、歴史と伝統のある百万石の城下町をどのように守るか、市民の姿勢が問われているといっても過言ではなかろう。
（電気新聞、1999年8月16日）

3. 歴史と文化の町・成羽

　最近では大都市にかぎらず地方の小さな町でも立派な美術館や博物館、音楽ホールなどがある。ここ10年ないしは20年ほどの新しい動きではなかろうか。やはり、高度経済成長で豊かになり住民が精神的な豊かさを求め、「生活の質」を高めるような欲求が高まり、それに行政当局も応えたものであろう。文化はいまや国民的ニーズであって、昔のように特定の人のものではない。かつては、行政は文化に関わるものではないという考えであったが、今日では行政が文化を推進しないかぎり、若者が出ていってしまうし、外から入ってくる人もない。
　中国山地には「歴史と文化」の町が数多いが、その1つがここでとりあげる成羽の町である。成羽は岡山から伯備線に乗って備中高梁駅で降りて、車で10分ほどのところにある。町の中心部を高梁川の支流、成羽川が流れており、この川に沿ってできた人口6,500人ほどの小さい町である。
　倉敷の大原美術館はあまりにも有名で、たいていの人が知っている。ところが、ここに展示されている名画の多くは児島虎次郎が大原孫三郎の命を受けて収集したものであることを知っている人は意外と少ないのではなかろうか。虎

次郎は成羽に生まれ、上京して藤島武二に学び、孫三郎の援助を受けて東京美術学校を卒業し、フランスに遊学した。彼は孫三郎の支援を受け2度も訪欧してたくさんの名画を収集したが、49歳の若さで急逝した。

　成羽には安藤忠雄が設計した美術館がある。この美術館はコンクリートの打ち放しで成羽をイメージした流水の庭を配したモダンな美しい建物である。ここには児島虎次郎の遺作絵画と彼が外遊中に集めた古美術、それに「成羽の化石」が展示されている。この美術館には年間2万5,000人が来館している。

　美術館のほかにも成羽は「備中神楽」の発祥の地でもある。江戸時代末期に神官をしていた西林国橋が古事記や日本書紀の神話に題材を求め、神代神楽を創案したが、これが備中神楽である。五穀豊穣を祈る秋祭りを飾る庶民の娯楽として備中地方で広く親しまれている伝統芸能である。

　このように古くから文化的に優れた人材を数多く排出しているのは何といってもこの町の豊かさを示すものであろう。この町は成羽川の水運と吹屋往来が交わる交通の要衝として古くから栄え、山崎氏5,000石の陣屋町であった。

　吹屋往来というのは成羽から北に向かって宇治、吹屋、坂本を経て新見に至る道である。吹屋鉱山から産出する鉱石を輸送するのに重要な役割を果たした道である。この吹屋銅山は807（大同2）年に開坑されたと言われているが、主として黄銅鉱や硫化鉄鉱を産出し江戸時代から大正時代にかけて栄えた。さらにローハ（硫酸鉄）を原料として弁柄で栄えた。吹屋銅山で莫大な利益をあげ長者となったのが広兼家や西江家であり、今も残る豪壮な屋敷をみることができる。吹屋で生産された銅や弁柄は吹屋往来を通って成羽まで運ばれ、ここから高瀬舟を利用して高梁川河口の港町玉島に運ばれた。

　吹屋の弁柄製造人は片山浅次郎をはじめ五家で、これらが吹屋の伝統的町並みを形成した。化学肥料生産の副産物の安価な酸化鉄が弁柄のかわりに使われるようになってから吹屋の弁柄の製造も衰退し、1974（昭和49）年にはまったくなくなった。しかし、石州瓦の屋根と弁柄塗りの壁や格子のある妻入り家並みがつづき町並みを作っている。かつて、弁柄問屋であった家には郷土館と

して弁柄や銅山の歴史資料が展示されている。このほか、吹屋銅山笹畝坑道の整備、弁柄工場の復元などが行われ 1973（昭和 48）年には岡山県のふるさと村の指定を受け、さらに、1977（昭和 52）年には全国的に貴重な鉱山町として国の重要伝統的建造物保存地区に選定された。この吹屋には年間 7 万 7,000 人が訪れている。しかし、吹屋は町の中心部から離れており、空き家もみられる。やはり、歴史的遺産も生活のにおいがしてはじめて意味をもつものであり、現代に生かすことの難しさを感じる。

　成羽は「歴史と文化」を町政の柱としてきたが、それにもかかわらず過疎化が進んでいる。若者が町内に定着するような施策が期待される。いま、町では県内 3 局目のケーブルテレビとして「なりわビジョン」の放送にとり組み、情報発信して新たな町の飛躍を模索しているのが現状である。いずれにしても、「歴史と文化」は町づくりにとって重要なことではあるが、それがすべてではないようだ。

　（電気新聞、2000 年 10 月 22 日）

4. とやまの里山

「地域開発」というのは、いつの時代においても地域経済振興のあり方を巡る大きな問題であるが、今日ほど問われている時代はないであろう。その内容は開発の目標や手法、対象地域などさまざまな側面にわたっている。

（1） 影潜める工業開発

　1960 年代以降の経済成長期のような工業開発政策は影を潜め、最近ではリゾート開発が全国どこでも盛んである。リゾート開発というのは、国民が余暇などを利用して滞在しつつ行うスポーツ、レクリエーションなどの多様な活動に資するための、総合的な機能が整備された地域をつくることである。

最近、リゾート開発が一種のブームになっている背景としては、金余りの著しい企業にとって有効な投資対象となりうること、そして国内への投資が世界的な経済摩擦に対する内需拡大策として1つの有効な政策であるということがあげられる。国民生活の変化についていえば、労働時間の短縮、週休2日制の定着などによって、レジャーやスポーツを楽しむ傾向が強まったことなどが指摘できよう。
　1987（昭和62）年に制定された総合保養地域整備法、いわゆるリゾート法にみられるように、政府や自治体もリゾート開発に積極的に取り組んでいる。戦後のわが国の地域開発政策の歩みを振り返ってみると、地域開発は今や大きな転換期、ないしは新しい時代を迎えつつある、と言っても過言ではない。

（2） 有効な振興策欠く

　このリゾート開発の対象地域となっているのが地方の農山村である。農山村は、経済成長の過程で農林業不振に伴う人口の減少、過疎化が進み、地域経済を振興させる有効なてだてを欠いている。それだからこそ、過疎対策として、この新たな開発に期待をかけるのであり、無理もない実情である。
　リゾート開発にはさまざまな手法があろうが、最近ブームになっているゴルフ場建設もその1つである。里山は都市と山村の接するところに広がる丘陵地である。
　ここはかつて薪や炭を採った雑木林であり、下草や落ち葉も有機質の肥料として貴重なものであったが、燃料革命や化学肥料の普及によって今日ではほとんどその価値を失ってしまった。米の減反政策や都市化の影響で農家の兼業化が進み、営農意欲もなくなってきた。また、山間部の村々と違って里山地域は過疎法の適用を受けられず、都市に近いながらも都市計画の恩恵にも浴さず、言わば地域政策の谷間にあったのである。
　これまで開発の対象地域にもならず、過疎化も進みつつあったこの空白地域が、リゾート地やゴルフ場用地として目を付けられているのである。富山県内

でも何か所かで建設ないし計画が実施されている。

(3) 企業の論理が先行

こうしたリゾート開発にはいくつかの問題がある。その1つは、開発が企業の論理による経済成長政策の一環であって、里山地域で問題となっている地域経済の振興、過疎対策といった社会政策ないしは地域政策の視点が弱いことである。第2は、最近国民が豊かな居住環境とかアメニティーを求めているにもかかわらず、リゾート開発が自然環境を壊す恐れが多分にあるということである。第3には、今のリゾート開発は供給の論理が先行しており、需要を増大させるような環境づくりが遅れているので、供給過剰の恐れがあるということである。

いずれにしても、里山地域は今まさに大きな転換期にあり、開発のあり方そのものが問われているといっても過言ではない。

（北日本新聞、1989年8月10日）

第4章

環境の変化と子供たち

1. 雪国の生活

「国境の長いトンネルを抜けるとそこは雪国であった」。これは、あまりにも有名な川端康成の『雪国』の冒頭の一節である。

1931（昭和6）年に清水トンネルが開通すると、上越線が開通し、湯沢温泉にも東京から多くの人びとが訪れるようになつた。この『雪国』は湯沢温泉の四季を背景に東京からきた作家島村と湯沢の芸者・駒子の淡い恋物語を川端氏独特の文体で描いたのもである。現在では、冬になるとこのトンネルを通って上越新幹線で関東方面の多くの人びとがスキーにやってくる。

雪の降らない都会の人びとにとって、トンネルを抜けた時にみる真っ白い降り積もった雪の光景は美しく、感動するにちがいない。しかし、雪国の人びとにとっては、けっして生易しいものではない。雪国の人びとは12月から3月までの4か月間をじっと耐え忍び、春の訪れを待ちわびるのである。雪国の生活は雪の降らない地域の人びとにはとうていわからない。

江戸時代の中期、越後塩沢に生まれ育った鈴木牧之も『北越雪譜』のなかで「よろずのこと雪を防ぐをもっぱらとし、財を費やし、力をつくすこと、紙筆にしるしがたし。雪中に稲を刈ることあり。その忙しいこと千辛万苦、暖国の農業に比すれば百倍なり」と雪国の厳しさを表現している通りである。

大正から昭和初期にかけて代議士として活躍した山形県選出の松岡俊三氏

は雪害対策を政府に働きかけたにもかかわらず、政府は根本的な対策をとらなかった。雪害が地震や暴風・洪水などと同じように災害の対象となったのは、1961（昭和 36）年の災害対策基本法においてであった。そして、翌 1962（昭和 37）年には豪雪地帯対策特別措置法が制定されて、「雪害」ということばが一般化し、その対策がようやく具体化したといってよい。この法律が適用される地域は北海道から九州までの日本海側に広く分布しており国土の 53% をしめ、約 2,000 万人、国民の 18% が生活していることになる。

しかし、豪雪地帯対策特別措置法が制定されたにもかかわらず、政府は雪害対策に本格的に取り組まなかったために、1963（昭和 38）年のいわゆる「38 豪雪」は日本海側に大きな被害をもたらした。多くの尊い人命が失われ、住宅や工場が雪で押しつぶされた。鉄道も長期にわたってストップして、通勤や通学の足が奪われてしまった。生活様式も変わっていたのでプロパンガスなどの燃料や食料品もなくなり、日常生活が完全に麻痺してしまった。

「38 豪雪」以後、政府や自治体は積極的に鉄道や道路の除排雪に大型機械を導入したり、融雪装置の設置に取り組んだ。政府や自治体が「38 豪雪」の教訓から得たものはどうやら雪との戦いであったようである。

しかし、1980（昭和 55）年の 12 月から翌年 1 月にかけて降り続いた、いわゆる「56 豪雪」では「38 豪雪」を上回るほどの大きな被害が出た。「38 豪雪」以来、雪害対策に取り組まなかったわけではない。それにもかかわらず大きな被害が出たのはどうやらわれわれ人間側の問題、つまり経済社会システムの変化にあったと言えるのではなかろうか。

高度経済成長以降、わが国の産業構造は大きく変わり、日本海側でも「米づくり＋兼業」という就業パターンが一般化してしまった。都会に若者が流出し、山村では人口の減少と高齢化、過疎化に悩まされるようになった。今までと違って、都市化の影響で生活様式も変わり、電気やガスを使って、農家と言えども野菜を買って生活するようになった。工場に勤めるには自家用車はなくてはならないものとなり、完全に「クルマ社会」ができあがってしまった。住

民の意識も変わり、コミュニティー意識も弱くなった。

　このように考えると、雪害対策には当面の緊急の対策と長期的な対策と2つあるのではなかろうか。つまり、当面しなくてはならないのは道路や道の除排雪や融雪装置の設置のように雪害を極力少なくする方法である。ただ、年によって積雪量や雪の降り方もちがうので、こうした雪害対策も無駄だという意見もないわけではない。しかし、雪害に対する備えがあってはじめて「住みよい」地域と言えるのではなかろうか。

　雪害対策としてもう1つ大切なのは長期的な展望に立った対策ではなかろうか。その1つは雪国といえども、経済的にはより自立的で社会的にはより狭域的な地域社会を作ることであろう。つまり、都会と変わらないようなハイレベルの生活ができ、しかも必要に応じて都会との交流もできるような地域社会をつくることである。

　2つ目に雪害対策として長期的に取り組まなければならないことは雪をマイナスのイメージでとらえるのではなく、積極的に、プラスの面にいかすことである。冬季の積雪は電力として、また、夏の米作りの農業用水としてこれまで大きな役割を果たしてきた。こうした面はこれからも重要なことであるが、これらはスポーツやレクリエーションなどに利用すべきである。「56豪雪」以来、雪国で生まれた利雪・親雪の取り組みは今後の雪国を左右するであろう。こうした意味では、1985（昭和60）年に富山県が全国で初めて「富山県総合雪対策条例」を制定し、取り組んでいる雪対策に今後とも注目したい。

　（電気新聞、2000年1月17日）

2. 雪問題と地理学

　年によって降雪量に多少のちがいはあるにせよ、冬になると日本海では雪が降るのはごくあたり前のことであって、それほど問題にすることはない。ところが、今年は例年になく、日本海側の各地で雪問題に関するシンポジウムが開かれ、住民の間で大きな関心をよんでいる。

　1984（昭和59）年1月31日から3日間山形市で開かれた「雪国の未来を考える国際シンポジウム」（山形県など主催）では24か国から延べ2,000人が参加、9月19日、20日の両日青森県大鰐町で開かれた「明日の雪国社会を考えるフォーラム・イン・あおもり」（青森県など主催）では全国各地から350人が参加したという。また、9月28日から30日まで金沢市で開かれた「環日本海国際シンポジウム」でも都市問題の分科会で雪問題が取り上げられたし、10月25日、26日の両日には新潟県十日町市で「豪雪地帯のあすの百年を切り拓く」というテーマで全国雪シンポジウムが開催され、同時に除排雪機械の展示も行われた。

　われわれ北陸三県の地学・地理学連合大会でも8月22日に「生活の変化と雪」というシンポジウムを開き、雪に関する討議を行った。このほか日本海側の各県や市町村でも、行政レベルで例年になく積極的に雪対策に取り組んでいる。

　このように、日本海側の各地で雪に関するシンポジウムが開かれたり、行政上からもさまざまな取り組みがなされているのは、ただ単に、このところたびたび豪雪にみまわれ、被害が大きいといった理由からだけではあるまい。もし、そうだとすれば、雪への取り組みは不十分だといわざるを得ない。われわれが、今これほどまで「雪」を問題として取り上げなくてはならないのは、もっと大きく深い原因があるからであって、それを見ずして本当の意味での雪対策は確立しえないと考えるからである。

　まず、われわれにとって「雪」はどういう意味をもつのか、雪をどうとらえ

るべきか、が問題とされなくてはならない。その場合、地理学はいかなる役割を果たしうるのであろうか、これが本稿の課題である。なお、われわれは現在「雪と都市づくり研究会」(代表　金沢大学工学部教授小堀為雄)を組織して、文部省の科学研究費をもとに雪の総合的研究に取り組んでおり、本稿はその研究会での討議によるところが大きいことを付記しておく。

(1) 地域問題と地域政策

　わが国は戦争により多大の被害をうけ、町は廃墟と化したが、朝鮮動乱を契機として復興の足がかりをつかみ、1955 (昭和30) 年頃からの重化学工業を中心とした技術革新と設備投資によって、1960年代には10%前後という驚異的な高い経済成長率を達成した。そして高度経済成長によって国民の所得は大幅に増大し、消費活動はかつてなかったほど活発になり、耐久消費財が国民の間に普及して全国的に都市的生活様式が浸透した。食生活も大幅に変わり、レジャーが国民生活のなかに広がった。

　しかし、その一方では消費者物価の上昇、環境破壊、交通事故の激増、住宅不足、公共施設やサービスの不足、社会保障の立ち遅れなどの問題が続出し、高度経済成長にもかかわらず、国民は生活が豊かになったという実感がわかず、過疎・過密問題に代表されるように、都市、農村を問わずさまざまな問題が噴出した。1981 (昭和56) 年の「56豪雪」による被害も、高度経済成長期における雪国の社会・経済的変化とそれに対する反省を求めたものといってよい。今日、全国各地で都市づくりや村づくりの議論が住民の間でなされているのも、こうした背景からである。

　このような高度経済成長に伴うさまざまな問題は、ただ単に1人の個人的な問題ではなく、いまや多くの住民の問題、つまり社会問題となっている。それゆえに、住民共通の問題となりうるし、行政側も無視できないのである。

　しかし、こうした社会問題も、その内容と深刻さは地域によって異なっており、地域問題としてとらえなくてはならない。それと同時に、社会問題を地域

問題としてとらえるかぎり、そうした問題の解決策も問題に応じた適切な地域政策でなくてはならない。従来、地理学ではさまざまな現象を取り上げながらも、それを記述するにとどまったきらいが強く、どこまで地域問題として認識していたかは疑問である。

現象を忠実にとらえ、それを記述することは最も大切なことではあるが、それだけでは科学とはいえまい。もし、地理学が科学として他の分野と肩をならべるとすれば、現象の背後にひそむ問題とその生成のメカニズムを科学的に把握し、問題解決のための具体的な方策が提起されなくてはならない。しかし、そうした問題も地理学であるかぎり、空間（地域）とのかねあいにおいて把握されなくてはならないし、問題の解決策も空間（地域）を無視しては地理学の独自性は主張できないであろう。

（2） 降雪、積雪、融雪とその地域性

冬になると大陸から冷たい北西の季節風が吹き出すが、それが日本海を越えて日本列島に到達するとき、暖かい水蒸気は冷却されて雪となる。雪が降り出す時期は異なるが、雪の降る地域は日本海側の北海道から九州に至る広い範囲に及ぶ。しかし、時として東京や四国・九州に雪が降ることがある。

雪が降る時期だけでなく、積雪量も場所によってかなりのちがいがある。雪が降ったとしてもわずかしか降らないところもあれば、3mを越すほどの豪雪地帯もある。国は、30年間の累年平均積雪積算値5,000cm／日以上の地域およびその地域と経済性の一帯性が顕著である地域を「豪雪地帯」とよんでいるが、それは24道府県、967市町村を数え、全国市町村の29%に達する。その面積は国土の52%にあたり、人口で18%にあたる2,000万人が生活している。

また、雪の降り方も時間や場所によって異なり、少しずつ毎日降ることもあれば、一晩に数メートルを越すほど積もることもある。いずれにしても、雪の降る時期や降り方、積雪量および融雪には、時間と場所によってかなりのち

がいがみられる。

　これはその地域の気温、地形、風、地下水、日照時間、建物などさまざまな条件のちがいが左右しているからである。われわれ地理学者は雪の降る時期、降り方、積雪量および融雪などについて、地域のさまざまな条件とのかねあいで明らかにしなくてはならない。しかし、そのためには気象台のデータだけでは不十分であり、われわれも可能なかぎり観測しなくてはならない。

（3）　雪と産業・経済

　雪は害をもたらすだけではない。冬期の積雪は春から夏にかけて融け、日本海側の米作りに欠かせない農業用水となり、わが国の代表的な米作地帯をつくりあげた。また積雪は、水力発電には「白い石炭」として使われ、工業発展に役立ってきた。今でこそ日本海側は"裏日本"とよばれているが、かつて米が経済の中心であった頃には"表日本"だった。経済の中心が農業（米）から工業に移り、エネルギーの中心が水力から石炭・石油に移るにつれ、日本海側は表日本から裏日本に変わったのである。

　かつて雪国には雪国らしい産業や経済のしくみがあり、人びとの生活を支えてきた。太平洋側中心の経済のしくみに変わった現在でも、なお雪国らしい産業や経済のしくみが残っているはずである。雪国の産業や経済のしくみが太平洋側の雪の降らない地域のそれとどこが同じで、どこが異なるのか、そして同じ雪国でも産業や経済のちがいはどうして生ずるのか、その空間的しくみはどうなっているのかなど、解明しなくてはならない問題は数多い。

　雪国の都市や農村の構造は太平洋側と同じであってよいのかどうか。道路、住宅、産業などあらゆる面で雪国らしいものがあって当然ではなかろうか。また雪国には雪の降る季節と降らない季節があり、季節性を反映した風土に根ざした産業や経済のしくみがあってもよいのではなかろうか。

(4) 雪国の人びとの生活圏

　もともと雪国の人びとの日常的な生活圏は、今よりかなり狭い範囲で行われていた。ところが経済成長期に都市と農村の結びつきは強まり、相互に流動性が高まって生活圏が広がった。生活圏は雪国のなかだけでなく、雪の降らない太平洋側にまで広がり、大都市との交流も密接になった。

　雪国の人びとの生活圏はより低次のものから高次のものまで重層的につくりあげられているはずであるが、実際にはどうなっているのか解明しなくてはならない。それは人間の動きだけでなく、商品や資金、情報といったさまざまな側面から考えられよう。それと同時に、雪との関係でその生活圏はどのように変化し、いかなる問題が生ずるかが明らかにされなくてはなるまい。そして、雪国の生活圏はいかに整備すべきかが問われなくてはならない。

(5) 雪国のコミュニティ

　もともと雪国では、生産・生活の両面において共同体を基礎としたコミュニティがあった。米作りや伝統産業に生活の基盤をおいていた時代には、その良し悪しは別として、共同体の機能が欠かせなかったのである。しかし、経済成長の過程で経済の基礎が農業から農外部門に、そして伝統産業から近代的な産業に移るにつれ、それが薄らいできた。都市化が進んで住民の等質性が失われ、混住化社会ができあがると、住民の意識も多様化し、共同で雪に取り組むというしくみが崩れてきた。つまり、太平洋側の雪の降らないところと変わらないようになったのである。

　そればかりか、太平洋側にくらべ日本海側では一般に高齢化社会になるテンポが早く、老人の一人暮らしの世帯では屋根の雪降ろしにさえ困るありさまである。豪雪は住民の新しいコミュニティをどうやってつくるか考えさせる契機を与えてくれた。古くからあった共同体が崩れ、新しいコミュニティがつくられるとすれば、どこでどのようにしてつくられているのか、空間の再編成の一側面としてとらえるべきであろう。

（6） 雪とその対策

「38豪雪」以来、雪が降ると除雪・排雪が重要視され、これが雪対策の最も重要な課題と考えられてきた。そのため、建設省・国鉄などをはじめ、各自治体でも大型の除雪機械やダンプカーを増やし除排雪能力は大幅に増大したが、それと同時に、除排雪に要する費用もまた莫大になった。財政難の自治体は除排雪対策の費用の捻出に苦慮しているのが実情である。

「56豪雪」を契機として、国や自治体で「無雪害町づくり構想」がすすんでいるが、それは積極的に除排雪を行い、雪が降っても生活に支障をきたさないようにすることである。しかし、雪対策というのは雪と闘うことであろうか。

かつて雪国では、大雪が降ると家のなかにとじこもり、雪に耐えしのぶという生活がみられた。それゆえ、日常生活に必要な野菜も貯蔵するとか、漬け物をつくったのである。ところが、今では日常生活に必要なものをことごとくスーパーで買い、どんなに雪が降っても会社や学校にいかなくてはならない。屋根の雪おろしや道路の除排雪もしなくてはならないのである。

雪と闘って多額の金を投入するよりも、雪に順応した生活が考えられてよいのではないか。つまり積雪量に合わせて会社や学校の時間を都合つけるとか、屋根の雪下ろしをしなくてもよいような雪国らしい住宅を考えなくてはならない。また排雪場所を数多くつくり、公園として利用することも考えてよいのではないか。いずれにしても、雪と闘う「克雪」の思想ではなく、雪と共存する「利雪」「活雪」の思想が重要であろう。

雪のなかで生活し、そこから雪国の将来を考えたとき、雪は対決すべき相手ではなく、むしろ調和し、共存し、利用してゆくべきものであることを教えられる。すでに雪をスキーや観光に利用しているところもあるが、こうした試みが広く行われるための条件は何であろうか。また雪を資源・エネルギーとして利用するのはまだ実験の段階だが、実用化されるにはどうしたらよいか。利雪・活雪の方法とその条件が地域に則して考えられなくてはならない。

雪が降るのは昔も今も変わりはないが、それが恵みになるのも害になるのも、そこに人間がいるからである。雪をどのように受けとめ、どのように利用するかはわれわれ人間の生き方、暮らし方であり、考え方の問題である。

日本列島には雪の降る地域と降らない地域があるが、雪の降る地域では雪国の思想・論理で貫かれた空間のしくみがあって当然ではなかろうか。太平洋側の雪の降らない地域の論理が日本列島全体に働いている今日でも、なお雪国の論理・思想で貫かれた空間（地域）がどこかに残されているはずである。そういうものの存在のしかたを解明することによって、「雪国の明日」が切り拓かれるのではなかろうか。そのためには、雪害の地域差とそのメカニズムを徹底的に解明することではなかろうか。しかし、雪に関する問題は複雑多岐にわたり、地理学を研究するわれわれの力だけでは不十分であり、他分野の人たちとの共同研究によるところが大きく、いわば学際的研究が欠かせない。なお、筆者の考えの一部はすでに「北陸の豪雪とその対策」（「地理」第26巻第7号）にのせてあるので参照されたい。

（「地理」第29巻第12号）

3. 安全・安心のまちづくり

(1)「地域」とはなにか

今日、「地域」の観点がきわめて重要になっている。「地域」は人間がさまざまな活動を通じて土地を区分して利用した結果として形成されるものであり、歴史の産物である。地域が特定の位置と面積、さらには自然的、社会・経済的条件、さらには歴史的条件を有する限り、本来「地域」は個性的なものであるが、都市化が進むにつれ失われていく。地域には中心と周辺があり、圏域を形成する。より生産性の高いものが中心にあり、生産性の低いものは周辺に追いやられる。

このような地域には、人間の日常生活によって形成される「生活圏」、経済活動によって形成される「経済圏」、行政の活動によって形成される「行政圏」の3つがあり、これらが複雑に、しかも重層的に絡み合っている。

(2) 安全・安心のまちづくり

「生活圏」は大人と子ども、あるいは職業などによっても異なる。だれもが安全で安心して生活できることを望んでいる。しかし、都市化、情報化、さらには交通の発達によって「生活圏」は拡大しているにもかかわらず子どもたちは対応できないで犯罪に巻き込まれる事件が増えている。女性の職場進出、共稼ぎ家庭の増加なども原因の1つであろう。コミュニテイの再生と地域の再構築が急がれる。このことは、「安全・安心なまちづくり」のモデルとさえ言われる春日井市もその例外ではない。

警察庁編『平成16年版、警察白書』によれば、「昭和60年代から平成にかけて犯罪情勢は、昭和49年から増加に転じた刑法犯認知件数が平成5年に約180万件となるなど、悪化傾向が一段と顕著になった。——国民の犯罪に対する不安感も増大した」(p83) という。また、内閣府編『平成16年版、青少年白書』でも、「近年、子どもが被害者となる強制わいせつ、暴行、障害等の犯罪は増加しており、特に、子どもが被害者となる略取誘拐事件等が発生し、国民に強い不安を与えるなど、子どもを取り巻く環境は厳しいものとなっている」(p133) と述べている。愛知県春日井市の広報 (2005年6月) でも、「子供たちを取り巻く環境は、近年急速に悪化してきています」とのべており、市長さんも「市民一人ひとりのちょっとした意識でさらに安全で住みよい街に」と呼びかけている。春日井市では、1993 (平成5) 年に市内の119の団体の協力を得て「安全なまちづくり協議会」が結成されており、「児童見守り隊」、「児童見守り地域協力隊」、子ども応援団「地域のおじさん、おばさん」、「スマイルネットかすがい」なども子どもたちを取り巻く環境をよくするために活発な活動を展開している。警察でも「こども110番の家」の増設やパトロールの

強化などの対策を行っているが、それにもかかわらず、子どもたちの安全にかかわる事件が起こっている。

(3) なぜ、犯罪は増えたのか

わが国で犯罪が増えたのは、昭和30年代以降の経済の高度成長過程にその要因がある。経済の高度成長の過程で産業構造の高度化、社会構造の変化が進行し、都市化が進んだ。同時に都市化は空間構造にも変化をもたらした。都市化とそれに伴う空間の変化の2つが犯罪が増えた大きな要因である。

具体的には、都市化に伴う都市人口の増加と流動化、就業機会の拡大、労働時間の短縮と自由時間の増大、生活様式の変化などがあげられる。都市における人口の流動化は都市間だけでなく、都市と農山村の移動、あるいは朝晩の通勤ラッシュなどに現れた。こうした変化の過程で、都市には多様な価値観や生活様式を持った市民があふれることになった。市民は豊かな生活をエンジョイする傾向が強まったが、その一方では豊かさを享受できない人もあらわれた。プライバシーが優先され、不干渉の傾向が強まった。また、市民の間にあった地縁的血縁的紐帯は薄れ、人間関係は希薄になった。

また、都市化に伴う空間構造の変化では人口の集中に伴う都市中心部における宅地の細分化、土地の高度利用に伴う高層ビルや地下街・地下駐車場・地下鉄・地下道、都心部の夜間における無人化と都市空間の空洞化などである。その一方では、個人のプライバシーの確保による個室化、密室化が進んだ。その結果、今日ではまったく異質な空間が地上にも地下にも出現することになった。

人口の都市集中に伴う地価の高騰とマイカーの増加により郊外に人口の増加する傾向が強まり、ベッドタウンができ昼間は都心で働き、夜になると郊外の住宅に戻るという人が増えた。生活費は増えても収入は増えないので共稼ぎの家庭が増え、昼間はまったく人が外を歩いていないという光景も珍らしくない。子どもたちは、学校から帰っても家には誰もいない、つまり鍵っ子が増え

た。年々人間関係が薄れるなかで唯一の頼りが家族の絆であるのに家族で食卓を囲む機会も少なくなった。生活の原点は家庭である。その家庭が崩壊しているとも言われている。こうしたことは郊外に限ったことではなく都心部でもみられることである。

（4） 犯罪を防ぐにはどうすればよいか

　まず一番大切なことは犯罪から自分自身を守ることであるが、子どもは被害を受けることが多い。奈良市では帰宅途中の女児が誘拐され殺害されるという痛ましい事件が発生した。また、大阪府寝屋川市では小学校に侵入した卒業生によって教職員が犠牲になった。日本子どもを守る会編『2005　子ども白書』（草土文化、2005）でも、「ひろがる子どもの犯罪被害」（p53～57）を指摘している。防犯の基本は「イカのおすし」である。「イカ」は知らない人にはついてイカ（行か）ない、「の」は車にの（乗）らない、「お」は助けてとお（大）声をあげる、「す」はすぐ逃げる、「し」はどんな人に何をされたかなどを大人の人にし（知）らせる。学校から帰るとき校門を出たとき「お母さんが交通事故で病院に入院したのですぐ車で行こう」と声をかけられると、子どもは動転してすぐ車に乗るという。

　犯罪を防ぐために警察官の果たす役割は大きい。しかし、全国14,400か所の交番・駐在所の1割は警察官がまったく配置されていない。警察官が不在になる交番も多い。警察庁は住民に安心感を与えるために「空き交番」の解消を目指して警察官の増員を要求しているが容易なことではない。交番というといつも警察官がいるものだというイメージがあるが、そもそも交番というのは文字どおり交代で番をするところなので常時2人以上確保されておれば1人が外出していても交番は留守にならないが、現実には確保されていない交番が多いのである。警察官の増員や再配置に頼らずに民間で空き交番の解消に取り組んでいるところもある。

　住民が子どもたちの登下校時に地域をパトロールして防犯活動に取り組む

とか、「子ども 110 番の家」を設置して子どもが危険な目にあったとき子どもが緊急避難できる場所を設けることである。地域のお年寄りや警察官や学校の先生の OB などに協力してもらう。

しかし、子どもたちにとって残念ながら絶対に安全だという場所はない。公園でも植え込みや遊具で見通しが悪いところや公衆トイレ、非常階段、駐車場、神社やお寺の境内などの「死角」、ショッピングセンターや図書館などのたくさんの人がいるところでも注意しなければならない。

しかし、犯罪を防ぐためには学校だけでは限界がある、保護者だけでも限界がある、地域で守るとしても限界がある。だから、お互いに協力して犯罪を防ぐ必要がある。つまり、人のネットワークを作ることである。また、地域のコミュニテイを再生させる必要がある。さらに、子どもたちにとって安全な都市空間を作ることに配慮した「まちづくり」が欠かせない。

（愛知県かすがい熟年大学、2005 年 8 月 24 日）

4. 現代の子どもたちと地域社会

かつて、わが国ではどこの家庭でも子どもが多かったが、今はたいていの家庭が 2 人から 3 人で、いわば「少産少子」の時代とも言ってよい。世界には飢餓に苦しんだり、戦火に追われている子どもたちがたくさんいるが、現代のわが国の子どもたちは栄養の取りすぎによる肥満が増えたり、けがや骨折などが問題になり、物質的には恵まれた豊かな時代を過ごしていると言ってもよい。

だが、それにもかかわらず、子どもたちの登校拒否や非行などが減少していないどころか、増加さえしているのである。富山県の子どもたちも全国平均に比べ身長、体重など恵まれているが、非行や登校拒否が増えているのはなぜだろうか。「子どもは社会を映す鏡」とよく言われるが、子どもたちを取り巻く地域社会のあり方を変えなければ問題の解決にならないのではないかと私は考

えている。

(1) 子どもたちと家族

　かつては、どこの家にも子どもがたくさんいたが、今ではたいてい2人か3人かである。子どもが1人という家庭もまれではない。だから兄弟げんかもなければ、家庭のふれあいもなくなった。さらに、住宅費や教育費にかさんで生活が苦しくなると、お母さん方も稼ぎに出るのでお母さんの手作りの食事もなくなったし、食事の時間のだんらんも少なくなり、ますます対話が少なくなった。お父さんも夜遅く職場から帰るので父親との対話も少ない。親子の対話もなければ、やさしさやきびしさもない。

　家庭は子どもたちには学習の場、文化空間であるが、子ども部屋はますます対話を少なくしかねない。また、もともと魚屋の子どもは魚屋の仕事を手伝い、八百屋の子どもは八百屋の仕事を手伝い、両親とのふれあいがあったが、今は仕事と家庭が分離して親子のふれあいはない。電気・ガスの普及は家事の手伝いもなくしてしまった。

(2) 子どもたちと遊び

　かつては、川や海で魚をとったり、里山で小動物を追っかけたりしたのが、今ではそういう遊びもなくなってしまった。家のまわりの生活道路はキャッチボールをしたりしてよく遊んだが、今ではクルマがあふれ交通事故が増えている。子どもたちが遊ぶ場所がなくなり、遊ぶ仲間もいなくなった。受験勉強や学習塾通いのために遊ぶ時間も少なくなった。家の中で1人でテレビを見たり、ゲーム遊びをする子どもも多い。都市計画も街のなかに子どもたちが魚や虫とたわむれて遊べる小川や草っ原をつくったらどうだろうか。

(3) 子どもたちと学校

　最近、子どもたちの登校拒否や不登校が増えている。いじめも問題になる。その原因の1つは今の学校にある。受験勉強と試験に追いまくられ、競争と選別の学校では他人のことは考えられないのであろう。やはり、子どもたらが健やかに成長するような学校づくり、子どもたちの価値観がこれから重要となるであろう。

(4) 子どもたちとコミュニティー

　戦後、とくに高度経済成長以降、米を中心とする農業の衰退、農家の兼業化、農業離れが進み、農業生産の共同化はむずかしくなった。圃場整備と機械化はますます共同化を不必要とする一方、現金収入を必要として農業離れを加速させた。

　その結果、もともと収穫の喜びであった祭りも村の人たち全員が参加できなくなった。もちろん、農道の整備やゴミ処理など生産と生活をめぐる共同作業もむずかしくなった。農村における集落が「ムラ」と呼ばれたのは、農村の基礎的な生産と生活の単位であると同じに共同組織体だからである。

　こうしたことは都市でもいえる。もともと都市では職業は多種多様であるが、生活をめぐる問題、冠婚葬祭など隣近所で助け合う習慣があった。それが、最近では薄らいだり、なくなったりして共同体としての「マチ」の機能は弱くなり、「隣は何をする人ぞ」ということさえある。つまり「ムラ」も「マチ」もふれあいのない社会となっているのである。

　（電気新聞、1999年1月25日）

5. 都市化と子どもの生活空間

　最近、少年の衝撃的な事件が相次いである。少年たちがなぜ暴力をふるい、殺人事件という凶悪な犯罪を犯すのか。少年犯罪に対して厳罰で臨むべきだという声が一部で高まっているという。しかし、少年たちがなぜ暴力をふるい、罪を犯すのか、私たちはその背景を真剣に考え、掘下げてきたであろうか。私は、少年たちが暴力をふるい、罪を犯す背景として「生活空間」の変化について考えてみたい。

　私たちが子どもの頃は、年齢の違う子どもたちが集まって「かくれんぼ」や「鬼ごっこ」をして遊んだり、小川で魚やカエルを捕ったり、路地でキャッチボールをして遊んだ。ところが、クルマが増えて路地でキャッチボールができなくなり、小川には魚やカエルがいなくなり遊ぶこともなくなった。公園もけっして安全で楽しい場所ではない。自動車が入ってこれないような細い通りには小さな八百屋や魚屋などが立ち並び、日が暮れるころには買物客でにぎわった。ところが、今はこういう商店街が消えつつある。商店街も櫛の歯が欠けるように閉めてしまう店が増えて、駐車場になったり、雑居ビルになったりする。就学年齢の子どもたちが減って小学校は統廃合されつつある。

　近代的で都市型のまちづくりが進みつつあるが、都市化は一方では都心の空洞化、他方で郊外のスプロール的な都市化をもたらしつつある。たしかに、都市化は便利で快適な生活のできる「まち」をつくるかもしれないが、大切なものが失われつつあるのではなかろうか。それは豊かな自然、空間のありかた、人間関係そして価値観の4点ではないか。

　まず、「豊かな自然」についてであるが、都市化によって山も川も荒れて緑は失われてしまった。子どもたちにとって大切な「自然とふれあう子どもらしい遊び」ができなくなった。さらに遊ぶ空間（場所）が失われ、危険なところが増えた。この頃、もっと身近な生活空間の中に豊かな自然をよみがえらせよ

うとまちづくりが行われたり、子どもの遊び場を作ろうという運動が活発なのもその現われである。

このように自然や空間が失われていくのも、大人の価値観が優先されているからではなかろうか。子どもには子どもの価値観があるはずだが、それが失われ「遊び」や「空間」も大人の価値観で変えられてしまったのではなかろうか。

そして、かつては魚屋の子どもは魚屋の仕事を手伝い親たちといっしょに働き、大きくなったら跡継ぎとなった。八百屋の子どももそうである。しかし、今は親と子どもはまったくちがい、親の仕事を子どもたちは継がないし、跡継ぎしたいと思っても継げない。子どもたちも受験勉強でいそがしく学校から帰ったらすぐ塾に通う。食事の時間も親と子どもでは違う。親子の断絶である。親と子ども、人と人が肌をすり合わせるような温もりに満ちた人間関係が欲しいものである。

子どもたちは豊かな自然にふれ、人の優しさにふれて心を開き、豊かな人間性のある子どもに育つのではなかろうか。何気ない心のいたわりあいが少しもあれば、この殺伐とした感じから抜け出せるのではないかと思う。

いずれにしても、最近、多発する少年の犯罪は少年の存在を主張しているのであり、サインを出しているのだが、大人たちがそれにきちんと対応せず、大人の尺度でしか見てないところに問題があるのではなかろうか。さらに、子どもたちの犯罪に共通するのは多くの子どもたちが人間関係の希薄化や仲間や集団内で孤独感や孤立感を感じており、現代社会の病理ともいうべき現象がみられるということである。しかも、そういった現象の生じているのが都市中心部ないしは近郊地域であることを考え合わせると、「都市化」に対応して子どもの生活空間を取りもどすことが今ほど大切な時はないであろう。

（電気新聞、2000年8月7日）

第5章
国土づくりの課題

1. 国土開発計画の歩み

(1) 高度経済成長期

　日本経済は1955（昭和30）年頃には、ほぼ戦前の水準に回復し、以後世界に類を見ない高度成長を成し遂げた。経済の高度成長の過程は、同時に産業構造が重化学工業中心へと転換する過程であった。重化学工業化が国際競争力の強化を目指して行われたので、輸出額に占める重化学工業製品の占める比率は1955（昭和30）年の36％から1970（昭和45）年の72％へと大幅に増大した。その結果、1968（昭和43）年には日本はアメリカに次いで資本主義世界第2位の規模を誇る「経済大国」に急成長した。

　しかし、高度成長の過程で所得の地域格差は拡大した。これは、設備投資に主導された重化学工業の発展が東京、大阪などの所得の増大に大きく寄与し、所得の地域格差を拡大させる原因になったからである。この所得の地域格差はやがて経済政策上の大きな問題となった。そのため、政府は1962（昭和37）年に全国総合開発計画を策定し、拠点開発方式を打ち出した。大都市とその周辺部を除く他の地域にいくつかの開発拠点を配置し、重化学工業化を図ってその波及効果を周辺の農山村に及ぼしていこうというものである。その具体化のために新産業都市建設促進法（1962年）や工業整備特別地域整備促進法（1964年）が制定され、これらの地域指定をめぐって全国の地方自治体の間で

激烈な競争が展開された。結局、新産業都市として 15 地区、工業整備特別地域として 6 地区が指定された。北陸（新潟、富山、石川、福井）の各県とも指定を目指して激しい運動を展開したが、結局、新潟と富山・高岡の 2 地区が新産業都市に指定された。

新産業都市や工業整備特別地域に指定されたところでは、鉄道・道路・港湾などの社会資本の整備が進んだ。京浜、阪神、中京、北九州の 4 つの工業地帯をつなぐ太平洋ベルト地帯では、鉄道・道路・港湾などの社会資本の整備が進み、鉄鋼・石油化学・造船・自動車など重化学工業が立地した。当時、北陸の各県とも掘込式の進港をつくり、そこに鉄鋼・化学などの重化学工業を誘致しようとしたが、大企業としては富山新港に住友アルミが立地した以外は計画通りに進まなかったことは、われわれの記憶に新しい。これは、拠点開発方式に基づく開発政策が欧米諸国から原材料やエネルギーを輸入し、製品を輸出するという構造であったからである。

しかし、全国総合開発計画を策定してからも経済成長は世界史上に例を見ない高さを維持し、国民生活の都市的様式がいっそう進んだだけでなく、人口の都市集中が進展した。しかし、その一方で農山漁村では人口の流出が続いた。その結果、過疎・過密現象は深刻となり、それが国民生活の快適性と安全性を損ね、経済の効率性を低下させただけでなく、自然と人間の間のあるべき関係さえ問題となってきた。

このような状況の下で、早くも 1966（昭和 41）年には国土総合開発審議会で全国総合開発計画を再検討することになり、1969（昭和 44）年に決定されたのが、新全国総合開発計画である。この計画では開発の可能性を全国土に拡大し、均衡化を図るため、大規模開発プロジェクト方式を採用し、全国的に通信網、高速幹線鉄道網・高速道路などを整備して新ネットワークを作ることとした。1972（昭和 47）年には国道 8 号金沢バイパス、1973（昭和 48）年には国道 8 号新潟バイパスが全線開通するとともに、1974（昭和 49）年には国道 8 号富山・高岡間が開通した。

なお、1964（昭和39）年には新潟地震が起こり、新潟市の市街地は壊滅的な打撃を被ったが、積極的に復興計画に取り組んだ結果、今日みるような近代都市に成長した。

（2） 安定成長期

日本経済はドルショックの試練の最中も、1972（昭和47）年に田中通産大臣が発表した「日本列島改造論」が土地や株式などの投機ブームをもたらし、インフレを伴いつつも拡大基調が続いた。

しかし、1973（昭和48）年には第1次石油危機が起こり、鉄鋼、化学などの基礎素材型産業は大きな打撃を被った。その結果、日本の産業構造を資源・エネルギー多消費構造の「重厚長大」型から半導体などのエレクトロニクス製品に代表される「軽薄短小」型へと転換せざるを得なくなった。1982（昭和57）年には富山地域と信濃川地域が通産省のテクノポリス構想策定地域に指定され、道路などの社会資本の整備が進んだ。

しかし、国民生活をとりまく広範な環境問題の深刻化、大都市の過密問題に加えて土地・水などの国土資源の有限性の顕在化、エネルギー・食糧などをめぐる国際的な資源問題の激化などの問題が生じた。そのため、内外の厳しい試練にさらされているわが国の経済社会を取り巻く種々の問題を克服し、国土の均衡ある発展と福祉社会を建設するため、1977（昭和52）年には第3次全国総合開発計画が策定された。この計画は人間居住の総合的環境の整備を基本目標とし、定住構想に基づき定住圏をつくることとなった。

建設省はすでに1969（昭和44）年から都市と周辺の農山漁村を相互依存的な連携関係を有する一体としてとらえて地方生活圏を設定し、圏域整備に取り組んできた。北陸では新潟県に7圏域、富山県に4圏域、石川県に3圏域、福井県に3圏域を設定し、圏域整備に計画的に取り組み、豊かで住みよい地方生活圏づくりを目指している。

(3) バブル期

　日本経済は 1985（昭和 60）年 9 月のプラザ合意によって、当時 1 ドル 230 円であったのが、1988（昭和 63）年には 120 円までの円高となった。その結果、日本経済は輸出産業を中心に大きな痛手を受けた。しかしながら、公定歩合の引き下げによって 1987（昭和 62）年には民間設備投資が拡大基調を取り戻し、1990（平成 2）年まで景気は過熱状態となった。その結果、一般機械工業、電気機械工業などの工業のほか、外食・レジャーなどのサービス産業も進展した。1987（昭和 62）年には総合保養地域整備法、いわゆるリゾート法が制定され、北陸でも各地でリゾート開発が進んだ。

　一方、日本の輸出量が増えるにつれ、欧米諸国との貿易摩擦が生ずることとなった。そのため、欧米諸国との摩擦のないような経済構造をつくるために 1986（昭和 61）年には国際協調のための経済構造調整研究会が報告書（前川レポート）を発表した。東京圏や関西圏では臨海部再開発や関西国際空港の建設など大規模プロジェクトが目白押しとなった。その結果、人口、諸機能の東京一極集中が進み、産業構造の変革などによる地方圏での雇用問題が深刻化した。そのため、政府は 1987（昭和 62）年に第 4 次全国総合開発計画を策定した。この計画は東京一極集中を是正し、多極分散型の国土を形成することを目標とし、交流ネットワーク構想を開発方式とした。1985（昭和 60）年に完成した関越自動車道とともに、1987（昭和 62）年には日本海沿岸東北自動車道、能越自動車道が高規格幹線道路網に組み込まれ、さらに翌年には北陸自動車道（敦賀―新潟間）の全線供用が行われた。このほか、上越新幹線が上野駅に乗り入れたのも 1985（昭和 60）年のことであった。すでに完成した新幹線や高速道路のほとんどが南北に長い日本列島を縦断しているのに対し、上越新幹線、関越自動車道は日本列島を横断し、太平洋側と日本海側を結ぶ重要なルートとなった。また、北陸自動車道は東名・中央の両自動車道と並んで東西を結ぶ日本海側唯一の路線となった。この結果、北陸と東京や関西を結ぶ輸送システムが確立され、それまで不振を極めていた企業進出も活発となり、太平

洋側と日本海側との地域格差の解消に役立つと同時に地域経済に大きな影響を与えた。

しかし、高速交通ネットワーク構想が進むにつれ、東京一極集中の傾向が解消するどころか、ますます強まることとなった。

(4) バブル調整と今後の課題

1991（平成3）年のバブル崩壊は、株価・地価などの下落による資産デフレ、消費者の購買意欲の低下、設備投資の抑制などを引き起こし、円高も加わって生産活動に大きな影響を及ぼした。その結果、各企業は不採算部門の整理、新規採用の抑制、投資の抑制などのリストラを実施せざるを得なくなった。また輸出産業ではアジアへの生産拠点の移転が進み、製品輸入が急増し、産業の空洞化が懸念されている。このため、地域経済の活性化の基盤づくりが不可欠となってきた。特に都市の中心市街地では近年、商業機能の衰退・夜間人口の減少などにより、活力が著しく低下するなどの問題が生じているので、街路、公園、道路、下水道などの建設によって、計画的に市街地の整備を進めなくてはならない。

北陸では全国的にみて住宅の規模は大きく、河川の堤防整備率も高く、都市公園の面積も大きいものの、下水道の普及率は低く、直轄国道の整備率も低いので、よりいっそう社会資本の整備を進めなくてはならない。

今後、国際化や情報化が進み、高齢者人口の増大や生活様式の都市化などによって、住民のニーズも高度化・多様化が進むものと考えられる。これまでのような経済的効率性の追求よりもゆとり、潤い、精神的・文化的欲求が高まるに違いない。それゆえ、生活に密着した基礎的な社会資本の整備に加え、優れた景観やアメニティを創出し、ゆとりと潤いのある環境を創出しなくてはならない。急激な都市化によって環境が悪化しつつある河川の整備を進め、人びとの心にゆとりと潤いを与えるような河川空間をつくり出さねばならない。

さらに、阪神・淡路大震災を契機として重視されるようになったのが、安全

で安心できる国土づくり、地域づくり、まちづくりの推進である。また、1995（平成7）年7月関川（新潟県）、姫川（新潟、長野県）の水害を教訓として安全な社会基盤を形成しなくてはなるまい。今後、高齢化社会が一段と進むことが予想されるので、安全で安心できる地域づくりが重要になっている。

　北陸地域は広く知られているように豪雪地帯である。冬期の積雪は夏になると雪解け水が農業用水として、また豊かな水資源は生活用水・工業用水・発電用水としても利用され、豊かな北陸地域をつくりあげてきた。しかし、積雪は時として交通、通信を麻痺させ、生産、生活活動をストップさせることになる。そのため、1956（昭和31）年には「積雪寒冷特別地域における道路交通の確保に関する特別措置法」によって冬期交通の確保に対処してきた。また、1962（昭和37）年には豪雪地帯対策特別措置法が制定され、豪雪地帯における雪害の防除、産業の振興、生活環境の整備などが進められた。

　このような雪対策に北陸地方建設局は積極的に取り組んでおり、雪対策を推進させたパイオニアであるといっても過言ではない。今後、雪害を克服し、雪を資源として利用する「雪国文化圏」を形成すべきである。

　冷戦構造の崩壊に伴う環日本海時代の到来を踏まえ、今後、日本海をはさんで対岸諸国との交流はいっそう強まるものと考えられる。日本海は対立と緊張の海から交流と平和の海に変わるであろう。そのための都市基盤の整備を進め、環日本海交流の拠点をつくる必要がある。しかし、そうは言っても日本海側の都市は人口規模が小さく、新潟市が47万人、金沢市が42万人、富山市が32万人程度である。したがって、これら中小規模都市の魅力を生かしながら交流・連携のネットワークをつくる必要がある。北海道から九州までの日本海側に高速道路や新幹線網を整備して日本海国土軸をつくるべきである。そして、日本海をはさんで対岸諸国との交流を進め、環日本海交流圏を形成しなくてはならない。

　国土審議会が1995（平成7）年12月に発表した「21世紀の国土のグランドデザイン」を見ても、「現在の国土構造のゆがみを直していくことが21世紀に

おける国土政策の基本的な課題である」という。しかし、これまでの国土政策を振り返ると、それぞれの時代の制約のもとで「国土の均衡ある発展」を主たる目標としてきたにもかかわらず、最近の動きをみるとその目標が弱くなっているのではないかと思われる。これまでのように東京と福岡を結ぶ太平洋側の国土軸上に人口や諸機能が集中・集積した一極一軸型の国土構造ではなく、日本海国土軸や富山―名古屋、新潟―いわき（福島県）などの地域連携軸をつくって多極多軸型の国土構造をつくらなくてはならない。その意味では、現在建設中の東海北陸自動車道や能越自動車道、中部縦貫自動車道、東北横断自動車道いわき新潟線のほか、日本海沿岸東北自動車道、上信越自動車道などの早期完成が待たれる。

　いずれにしても、北陸地方建設局は、これまではもちろんのこと、これからも21世紀に向かって豊かで住みよい北陸地域をつくるためだけでなく、日本海国土軸をつくり、環日本海交流圏を形成することにより、国土の均衡ある発展を目指し、多極多軸型の日本列島をつくる大きな役割を果たすものと言っても過言ではない。
　（北陸建設経済会「けんせつほくりく」No.222、1996年10月）

2. 国土軸と国土づくり

　国土軸とは、異なる都市や地域の社会・経済・文化などの諸機能を有機的に結びつけることによって国土の発展を図る仕組みである。しかも、国土軸であるかぎり、それが単にローカルなものではなく、世代や地域を越えて国民的課題にこたえうるものでなくてはならない。国土軸が国土の発展に有効に役立つためには異なる都市や地域を結びつける基盤としての交通・通信体系とその上に展開される社会・経済・文化等の諸機能が欠かせない。

　1969（昭和44）年に策定された新全国総合開発計画では札幌から仙台・東

京・名古屋・大阪・広島をへて福岡に至る「日本列島の主軸」が考えられている。東京や大阪などの大都市圏や太平洋ベルト地帯に産業、人口が集中・集積した背景には国土軸という明確な考えがあったかどうかわからないが、新幹線や高速道路がつくられたからこそこの地域に人口や産業が集中し、大都市が形成されたといえよう。とすれば、国土軸をつくることは国土政策上きわめて重要な意味をもつものといえよう。

長い歴史と戦後の国土政策のもとで形成された東京から名古屋・大阪・広島をへて福岡に至る国土軸を第1国土軸とすれば、少なくともこの国土軸は実体のあるものである。これに対し、東京から仙台をへて北海道に至る第2国土軸（東日本）と東京から名古屋をへて和歌山・徳島・松山・大分から長崎・熊本を結ぶ第2国土軸（西日本）、さらに札幌から日本海沿岸地域をへて福岡に至る日本海国土軸などは構想の域を出ていない。それにもかかわらず、今後の国土政策にあたって新たな国土軸、なかでも日本海国土軸の形成が不可欠であると考えるが、それはなぜか。

日本海国土軸は札幌から日本海沿岸地域をへて福岡に至るもので日本列島の日本海側を縦貫する国土軸である。日本海沿岸地域はかつて表日本であったが、明治以来の近代化の過程で遅れ、開発からとり残された。しかし、未開発であるがゆえに、開発の可能性も大きく、自然も豊かで生活大国日本を実現する基盤を備えている。この国土軸はこの地域に新幹線、国際空港、高速道路、港湾などの高速交通網と情報網を整備し、この上に産業・文化・教育・研究、都市などの諸機能を集積させることによって、次のような課題にこたえることができ、わが国の発展に役立てるものである。

わが国は今2つの大きな課題に直面している。その1つはいかにして東京一極集中を是正して地域間の均衡を図るかである。東京一極集中は住宅・交通などの諸問題を生じるとともに、地方では過疎化・高齢化が進み、国土利用の歪みをもたらした。この国土利用の歪みは経済の合理性を追及した結果にほかならないが、今日では経済的非合理性が高まりつつある。第2は東西冷戦時代の

終焉によって、日本海沿岸地域では自治体、経済界、民間レベルで日本海をはさんで対岸諸国との交流が活発になっている。わが国の欧米中心で輸出主導型の経済構造と歪んだ国土構造を変えるために、「環日本海交流」が欠かせない。わが国は国際社会の一員としてグローバルな視点から対岸諸国との交流を進めるべきである。

このように考えると、日本海国土軸は国土軸のなかでも日本列島の主軸をなすものといえよう。この国土軸が主軸として有効に機能を果たすためには、太平洋側の第1国土軸とを結ぶ横断軸を整備し、ラダー状ないしは環状の国土構造を形成しなくてはならない。また、日本海をはさんで対岸諸国と交流を進めるためには日本海国土軸は環日本海国土軸となってはじめて有効なものとなろう。

いずれにしても、日本海国土軸は21世紀におけるわが国の発展を約束するもので、新たな発展を可能とする国土構造の形成に不可欠なものである。

(季報「ほくとう」1994年新春号、vol.30)

3. 地方はどうなるか

(1) 『労働経済白書』(2006年版)

白書は「20代の所得格差が拡大し、固定化が懸念される」という。1990年代後半から2000年代初めのいわゆる「就職氷河期」に社会に出た若者の中には正社員に比べて給与などの面で劣る非正規雇用(アルバイト、パート、派遣労働など)の従業員として働いている人が少なくない。非正規労働者は2005(平成17)年に労働人口の約32%を占め、約1,590万人に上る。また、同白書は30歳前半の男性の場合、正社員の59%が既婚者であるが、非正規雇用の男性では既婚者は30%程度に過ぎず、収入が正社員に比べて少なく、雇用が不安定なことが結婚を難しくしていると指摘している。

なぜ、非正規社員が増えたのか。グローバル化が進むなか、企業は国際競争力を強化するため、正規社員をおさえ、非正規社員（賃金が安く、解雇が簡単）を増やした。格差が拡大しているばかりか、固定化されていることが問題である。このため、若者が将来に希望が持てないのである。

（2） 景気回復に地域格差

景気回復により雇用情勢は上向く一方で、都市と地方の格差が拡大している。地方は地域経済に占める製造業の割合が低く、農林水産業や公共事業に依存する建設業のウエートが高いうえ、賃金水準も低いので失業率が高い。2005（平成17）年の地域別失業率をみると、東海は3.2％、北関東・甲信越や北陸、中国が3％台であるが、北海道、東北、九州は5％台である。有効求人倍率も第1位の愛知県が1.66倍、東京都は1.44倍、大阪府は1.03倍で、最下位の青森県は0.40倍である。愛知県では、好調な自動車を中心に製造業の求人が活発なため有効求人倍率が高い。名古屋が日本で「一番元気のよい都市」だといわれるゆえんである。

（3） 地方の実状

地方の商店街の多くはさびれて、シャッター通りとなっている。昼間に人はほとんど歩いていない。中心商店街の活性化が緊急の課題となっている。2006（平成18）年2月、島根県浜田市にいくと、市役所の玄関に「祝　刑務所誘致決定」という垂れ幕がかけられていた。市が造成した工業団地に工場がこないので、こういうことらしい。浜田市は石見地方の中心であって、戦前は軍隊があったので戦後そこに国立病院ができた。また、戦前女子師範学校があり、戦後はしばらく島根大学の教育学部があったと聞いて驚いた。現在は、郊外に島根県立大学がある。人口5万人ほどの小さな都市であるが、石見地方の中心であるから都市機能は充実している。漁業が主たる産業であったが、最近漁獲高が大幅に減少して人口減少に拍車をかけている。

愛知県春日井市でも中心商店街の活性化が急務の課題である。中心商店街の衰退、空洞化の原因をしばしば大型店の進出のせいにするが、より重要なのは中心商店街の商店主の取り組み、市民のまちづくりへの取り組みである。

(4) 地域の再生

近年、年金、医療費の増大、災害の多発、殺人事件などで社会不安が増大している。その一方で、格差は増大している。今、少子高齢化時代の生き方が問われている。「地域の再生」がきわめて重要な課題の1つである。

「地域の再生」にあたって重要なことは次の4点である。その1つは、これまでのような企業誘致、公共事業依存型のまちづくりではなく、地域の資源を見直し、歴史と文化を生かした個性的で魅力的なまちづくりが大切である。地域の生産と生活をとりもどし、コミュニテイを再生させることである。しかも、これまで市街地をスプロール的に分散させてきたのでこれからはお年寄りにも暮らしやすいコンパクトなまちづくり、歩いて暮らせるまちづくりが重要である。

第2は、地方分権の確立である。つまり、国からの支援に依存しない安定した財政基盤の確立と住民のネットワークによる住民自治の確立である。

第3は、「格差の拡大」が親子の断絶、ひいては家族の崩壊の一因となっている。また、「格差の拡大」は教師と子供たちの断絶、隣近所の断絶などをもたらしている。生産と消費の分離が進み、メールやパソコンでコミュニケーションをとるのが一般的に成っている。「YOSAKOIソーラン祭り」が北海道から全国各地に広がっているのを見ると、世代を超えて一体感を求めているからに他ならない。9月5日から6日春日井市で行われた「全国リサイクル商店街サミット」で長谷川　岳さんと話してその思いを強くした。世代を越え、一体感に支えられた「地域づくり」に取り組む必要がある。

第4は、グローバルな時代にはグローバルに考え、ローカルに行動することである。その際、いかなる地方といえども海を越えて世界、とくにアジアとの

かかわりを考えざるを得ない。市場原理を活用しつつも国際的な地域間の交流と連携によって地域の再生、発展を図るべきである。もちろん、東京一極集中（オリンピック候補地として東京に決定したので、もし東京でオリンピックが開催されることになるとますますこの傾向は強まる）を視野に入れて取り組む必要がある。

（愛知県かすがい熟年大学、2006年10月18日）

4. 高齢化社会を考える

わが国の65歳以上の高齢者は1998（平成10）年10月に2,000万人を越え、総人口に占める割合は16.2%となっている。2000（平成12）年には世界最高の水準となり、21世紀初頭には世界のどの国もこれまで経験したことのない本格的な高齢化社会が到来するものと予測されている。このため、高齢化社会への対応を早急に図ることがますます重要になっている。

国民の寿命が延び、世界一の長寿国を保っていることは喜ぶべきことである。しかし、重要なことは長生きをするとともに充実した老後をいかに送ることができるかということである。「人生80年代」といわれる今日、そうした老後が過せる環境や社会の仕組みになっているのだろうか。政府の「高齢者保健福祉10カ年戦略」（ゴールドプラン1989年、1994年には新ゴールドプラン）、「高齢社会対策基本法」（1995年）などのこれまでの政策が一定の成果をあげたことは評価するものの現実の高齢化社会を直視するとき、今なお医療・福祉、就業・雇用、居住環境、社会参加など解決すべき課題は多い。

高齢者の多様な保健・医療・福祉に対するニーズに対応し、住みなれた地域で個々の高齢者に最もふさわしいサービスを提供する目的で2000（平成12）年4月から介護保険制度が始まった。高齢者のニーズとサービスのミスマッチ、財政力の乏しい過疎地の自治体では効率と採算性の面で苦慮してい

る。鳥取県西泊町では、住民自らが積極的に取り組んでいるし、岡山県新見市と大佐、神郷、哲西、哲多の4町は広域運営で財政安定と基盤を強化して対応している。

　今、わが国は戦後最悪といわれるような経済不況の中にあるが、健康で労働意欲のある高齢者が長い間に培ってきた知識、技術などをいかして、生き生きとした生活ができるように高齢者雇用のあり方を考えなくてはならない。高齢者の比率が最も高い島根県で1998（平成10）年に調査した結果によれば、企業に勤務する50歳以上の者のうち63%の人が「定年後も働き続けたい」と答えているが、問題は現在の不況下で再就職先を確保することが極めて難しいということである。最近、定年後に帰農する人が増えているという。農業を主な職業とする農業就業人口のうち、65歳以上の高齢者の割合は鳥取県では60.1%、島根県では66.9%と高い。肉体は衰えても高齢者は手先を使う細かな仕事は得意で知恵と経験が豊富である。農山村の主要産業である農業を維持するには、高齢者が「生きがい」をもって働けるような環境づくりが重要である。

　最近では急激な都市化によって、都市の真ん中が空洞化し、子どもたちがいなくなって老人だけという地域が目立っている。また、過疎地域では若い人たちが都会に出てしまい、移住できない老人が1人寂しく暮らしているという光景もみられる。また、住宅も地域（都市や村）も高齢化にとって住みよい、つまりバリアフリーの社会をつくる必要がある。「住みなれた家で暮らしたい」という高齢者の願をかなえさせたい。

　さらに高齢者が心豊かに生き生きとした生活を送るためには、生きがいをもって絶えず社会と交わっていくことが重要である。高齢者の社会参加を促進するための学習や余暇活動などの場や機会を提供していかなくてはならない。

　このように高齢化社会が抱える問題は多様で複雑であるが、高齢化が都市と農山村で異なる以上、高齢化社会のあり方も当然異ならざるを得ないであろう。21世紀初頭には、世界的にもまれな「超高齢化社会」となるものと見込

まれている。活力ある「超高齢化社会」を構築していくためには、都市・農山村を問わず経済・社会システムの変革が欠かせない。老後は「余生」ではなく、「もう1つの人生」である。老いてなお「生きる」ことの主体的、積極的な意味を考えなくてはなるまい。高齢者自身を対象とした政策から高齢者を含めた家庭、地域の類型に応じたきめ細かな政策が必要である。

　（電気新聞、2000年6月12日）

第3部

北東アジア経済圏の形成

第1章
環日本海交流

1. 環日本海交流の現状と課題

　かつて、1960年代から1970年代に日本海沿岸地域では「日本海時代」と呼ばれる時代があったが、今日では新たに「環日本海時代」と呼ばれるような時代を迎えている。1980年代の後半から進められたペレストロイカ政策によって東西冷戦構造が崩壊して、日本海は当時のような「対立と緊張」の海ではなく、今日では「平和と友好」の海へと変わった。日本と対岸諸国、つまりロシア極東地方、韓国、北朝鮮（朝鮮民主主義人民共和国）、中国東北地方との関係は過去においては戦争と民族分断の歴史であったが、冷戦構造の崩壊は環日本海地域の人びとにとっては新しい時代の幕開けである。したがって、今日対岸諸国との交流はかつてのように、ただ物（貿易）の交流だけでなく、文化、スポーツ、教育などあらゆる分野にわたって人と人の交流が活発に行われている。

　戦後の日本は急速に経済発展をとげ「経済大国」といわれるまでになったが、その過程でさまざまな問題が見られるようになった。その1つは日本の経済構造が輸出主導型で欧米重視という問題である。日本は欧米諸国からは貿易収支をめぐって厳しい批判が繰り返されている。対岸諸国には資源・労働力が豊富で経済交流の可能性が大きい。また、戦後の国土政策は日本列島の地域格差を是正して、国土の均衡ある発展を目指したにもかかわらず、東京一極集中の傾向が強まり、日本海沿岸地域は人口の減少・過疎化という問題に悩まされ

ている。

　日本海沿岸地域の人びとが対岸諸国と交流するのは、人口の減少と過疎化に悩むこの地域の振興をはかりたいという願いがあるからにほかならない。この地域の人びとは「裏日本」という言葉は使いたがらないが、明治以来の近代化のなかで、日本海沿岸地域が開発から取り残され、まさに「裏日本」としての地域のまま現在に至っている事実を無視できないと私は思う。東西冷戦構造の崩壊に加えて、1985（昭和60）年のプラザ合意以降円高が進んで日本海沿岸地域の企業も対岸諸国に進出するケースが増えた。こうした経済交流以外にもスポーツ・文化・教育など多様な交流が自治体・民間各界各層にわたって展開されている。

　環日本海交流はEUやNAFTAとちがって自然発生的に地方自治体や民間・企業が地方間交流を行っているところに大きな特徴がある。しかし、環日本海地域は社会体制や経済の発展段階のちがい、宗教、民族、言語などのちがいがあって交流はなかなか容易ではない。交流の担い手が少ないのも事実である。さらに、日本海沿岸地域相互の競争がはげしいといわれる。なかでも新潟、富山、鳥取の3県がとくに活発に環日本海交流を進めている。しかし、環日本海交流は期待と現実のズレが大きすぎるともいえる。

　いずれにしても、21世紀は「環日本海時代」であることは間違いないであろう。したがって、今からロシア語・朝鮮語・中国語などを話せる交流の担い手を育てることと、相手国の実情を知るための調査・研究機関が必要であろう。富山大学が1997（平成9）年10月1日、環日本海地域研究センターを設立したのはそのためである。

　しかし、交流を活発にしようとすれば、交流のためのインフラ、つまり国際空港、港湾、新幹線などを整備して「日本海国土軸」をつくらなくてはならない。1987（昭和62）年の第4次全国総合開発計画は「多極分散型国土の形成」を目ざしたが、それは実現されないまま現在に至っている。このたび、新しい全国総合開発計画が発表されたが、この計画は「多軸型国土構造の形成」をめ

ざすとして日本海国土軸も国土軸の1つにあげられている。

　私としては、極のない軸は考えられないので「多極多軸型国土構造の形成」をめざすべきではないかと考えている。さらに、環日本海交流が地方間の交流である以上、中央と地方の関係を問い直し、地方分権型社会をつくる必要がある。

　最後に過去の歴史を踏まえて草の根の人間的な交流を進め、異質なものに対する相互理解を深めることである。これまではややもすれば開発・成長に重点を置いてきたが、これからは共生、協力に重点を置いて交流を進めなくてはなるまいとつくづく私は思っている。

（電気新聞、1998年6月22日）

2. 環日本海経済圏の形成

　ヨーロッパではEU、アメリカではNAFTAが国境をこえて形成され、アジアでもバーツ経済圏や華南経済圏が話題になって東西冷戦構造の崩壊とともに「環日本海経済圏」が注目を集めるようになった。つまり、1980年代の後半から1990年代のはじめはまさに環日本海時代の到来を感じさせた。私が中国の遼寧大学に留学したのは1987（昭和62）年のことであるが、それ以来私は環日本海交流に取り組んでおり、「環日本海経済圏」の形成に期待をかけてきた。その私の想いは昨年2冊の本、『戦後日本の国土政策』（地人書房）と『環日本海経済論』（大明堂）のなかに書いている。

　しかし、あれから10数年経った今日、大きな変化がなく停滞状況であることを思うと、何か問題があったか、あるいは問題があるように思われてならない。私は2000（平成12）年2月24日、北陸環日本海情報通信協議会の総会で「環日本海交流の現状と課題」というテーマで講演した。きわめてありふれたテーマで講演せざるを得なかったのは以下に述べるような事情があったからである。

その数日後、2月28日の北陸中日新聞（朝刊）には、国際日本文化研究センターの木村汎先生が「曲がり角の『環日本海構想』」というテーマで論評されていた。それを読むと環日本海構想の理論的裏づけに「何か問題があった」という指摘である。その指摘とは、まず第1は地理的近接性の問題である。地理的に近接する諸国家は相互に交流しやすいと同時に対立も生じやすいという面があること。第2には環日本海交流には経済的相互補完性があるということを重視しすぎていたのではないか。経済的相互補完性があるからといっても必ずしも良好な経済関係が築かれる保障はどこにもない。第3には経済交流を進めた上で政治とか軍事的諸問題を解決すればよいというが、現実の世界ではその逆であって、政治的問題が解決されてはじめて経済交流が促進されることが多い。第4には国家の役割を過小評価していたのではないか。現代世界では依然として国家主権や国境の概念がますます強く意識されるようになった。第5には地域主義の動きが必ずしも強くなっていない。むしろグローバリゼーションとナショナリズムの動きの間にあって、地域主義（リージョナリズム）の動きが弱くなっているのではないか、と木村先生は「環日本海構想」には理論的誤りがあったのではないかと指摘されている。私も最近つくづくそう思うようになった。

　ところで、前述したように私が北陸環日本海情報通信協議会で講演した内容は理論的な面というよりもむしろ現実的な面から環日本海交流の停滞ないしは制約要因を述べたものである。私は、1980年代の後半から環日本海交流に積極的に取り組んできた。毎年のように中国、韓国、ロシアに出かけて調査したり、富山大学経済学部と中国、ロシア、韓国の大学との交流協定も結び、学生の相互交流にも取り組んできた。1991（平成3）年7月には富山県がチャーターした全日空機でウラジオストクに乗り入れ、経済セミナーを開いた。8月にはクーデター直後のシベリアに西沢潤一東北大学長を団長とする調査団のメンバーの1人として参加した。韓国の江原大学の国際シンポジュームでは2回も発表したし、1997（平成9）年には板門店にも行った。その前の1994（平

成 6) 年には豆満江の調査にも行った。

　ところが、最近環日本海交流は停滞していて、1つの経済圏として「環日本海経済圏」と呼ばれるようなものが形成されているとは言いがたい。その理由として第1にはかって目ざましい経済成長をとげた韓国、中国の経済発展が伸び悩み、経済発展に伴う格差問題とか犯罪が増えていることである。ロシアでも経済危機が続いており、北朝鮮は外国に食糧支援を期待するほど深刻である。日本でもバブル崩壊後、景気が悪い。第2の問題としては、持続的発展を制約するような環境問題とか食糧問題、人口問題などがあらわれてきたこである。急速な経済発展に伴うエネルギーの消費構造にも問題がありそうである。第3には東西冷戦構造が今なお崩壊しているとは言いがたいということである。従軍慰安婦の問題や弾薬処理、ロシアとの領土問題などあり、これらを早急に解決して新しい世界秩序を形成しなければならない。第4には経済の改革・開放が思ったほどには進まないで、ロシアでは市場経済への移行と混乱、中国では国有企業の改革と市場経済の徹底が不十分であるということである。もちろん、北朝鮮の軍国主義とかチュチェ思想なども問題であろう。

　このように、今日「環日本海経済圏」の形成には理論的にも現実的にも無理があると言えよう。したがって、現状を打開するためには、体制や民族・宗教・文化・経済の発展段階などのちがいを越えて市場拡大による共通の繁栄をめざして平和な社会と新しい世界秩序を構築することである。そのためには、一国繁栄主義を超えて環日本海諸国との「共生」をめざさなくてはなるまい。

　「共生」という理念を実現するためには、まず第1にこれまでのような友好・交流の段階から技術協力・人材育成など通じて協力・支援することである。第2には日本の産業構造を水平分業型にして資源多消費型、大量生産型の経済社会を転換させることである。第3には、道路・港湾・空港・情報通信などの社会資本を整備することである。第4には、草の根の人間的交流によって幅広い人脈を作ることである。

　（電気新聞、2000年4月10日）

3. クーデター直後のシベリア

「シベリア」というと何となく暗くて、冷たいイメージがするのはなぜだろう。ここが単に極寒の地であるというだけでなく、長い間かつてロシアの流刑地であったし、第2次大戦後は旧日本軍の抑留地で多くの人びとが過酷な強制労働に従事させられ寒さと飢えのため死んでいったという歴史的な事情を思い出させれるからではなかろうか。

そのシベリアを私が訪れたのはクーデター直後の1991（平成3）年8月24日から9月3日までであった。東北大の西沢潤一学長を団長とする私どもの「ソ連学術調査団」はイルクーツク、ノボシビルスクの研究所を訪問し、研究交流をすすめてきた。もともと8月23日に出発する予定であったがクーデターのためにシベリア訪問が危ぶまれたにもかかわらず、あえて1日遅れで出発したのである。それだけに現地では大変な歓迎を受け、彼らは真の友情を感じたに違いない。

どの研究所も建物は大きいが設備は古く、予算が乏しくて新しいものが導入できないようだ。文献は多いが西側諸国の新しい情報は乏しく今後、交流を活発にさせたいという要望が強かった。戦後の日本経済と技術の発展に大いに学びたいという姿勢がうかがわれた。バイカル湖やノボシビルスクのダムの水も少しずつ汚れている。環境問題もシベリアの1つの大きな課題となっている。クーデターの後遺症なのか現地ではホテルや航空券の確保など苦労が多かったが、今回のシベリア訪問は私たちにとっても大きな意味を持つものであった。

ソ連の経済が危機的な状況にあることはこれまでも度々報道されているところである。たしかに、今年上半年期の国民総生産は前年同期に比べて10%減であり、農業生産高もほぼ同じである。工業生産高や日用品生産も5%前後の減である。深刻化する日用品や食糧品の不足のため今年の冬は越せるのだろうかと心配されている。ところが現地ではそういった状況はほとんど感じられな

かった。人びとは意外にのんびりしていて、老夫婦が白樺の林を散歩したりベンチで休んでいる姿をよくみかけた。クーデターの直後とも思われなかった。

(1) 本当に物不足？

たしかに国営商店には物があまりないが国民は本当に物不足なのだろうか。われわれ日本人の感覚からすればいつも店の前に品物がたくさん積み上げられているものと思うが、たとえ店にはなくとも家庭にはあるのでなかろうか。近くに広大な農地があるからそれほど心配する必要もないのではなかろうか。たとえ、物不足だとしても、それはモスクワやレニングラードのような大都市のことではないか。人口60万人から150万人程度のイルクーツクやノボシビルスクなどではほとんど問題なさそうである。ソ連の国土は日本の60倍、バイカル湖の面積は琵琶湖の50倍というからやはりスケールがちがう。われわれはともすれば自分の価値基準で外国を見やすいが、はたしてそれでよいのだろうか。

(2) 進む市場経済

イルクーツクのホテルの前に土産物を売りにやってきた子どもたちが「マネー、マネー大好き」といっていたが、ゴルバチョフのペレストロイカ政策によって市場経済はかなり進んでいるようである。労働者の平均賃金が1か月300ルーブルから400ルーブルだから、スイカ1個が16ルーブルというと高くて買えない。インフレは確かに国民生産をおびやかしているのは事実である。ところが『資本論』が1ルーブル（5円）というのはどういうことだろうか。

その一方でソ連の長い間の社会主義政策のもとで国家財政は破綻をきたしており、国民生活をじわじわとおびやかしているようである。それだけに、西側諸国の援助が欠かせないのだろうが、累積債務の返済など経済政策を整えなくてはなるまい。それと同時に西側諸国が援助するとしても無条件にするのではなく援助のあり方も考えなくてはならないだろう。最近、わが国では環日本海交流の一環としてソ連との交流が活発になっているが、シベリアは石炭、石

油、木材などの資源の宝庫であり、日本の資本と技術を結びつければ、経済交流も可能となる。そのためには鉄道、道路、住宅などのインフラの整備が不可欠である。小規模で地方レベルの人間的な交流の中から経済的発展の方向を探るのがよいのではないか。

(3) 新しい動き

ゴルバチョフの過去6年5か月に及ぶペレストロイカ政策は硬直化したソ連社会に大きな風穴をあけ多くの成果をあげた。しかし経済の危機、民族紛争などの問題も生じさせたのは事実である。しかし、民主主義と自由を求める改革の流れはクーデターを失敗させ、エリツィン・ロシア共和国大統領の地位は一挙に高まった。その結果、共産党の解体、バルト3国の独立、主権国家連邦など新しい動きが出てきた。今なお町にはロシア共和国の旗がところどころに掲げられ、ソ連の国旗は全然みられなかった。町にはレーニン像が立ちマルクス通りもあるが、共産党という強力な基盤を失い、それぞれの共和国が独立の動きを強めている今のソ連は今後どこによりどころを求めるのであろうか。その意味では、これから本当の民主主義と自由が問われるのであり、ソ連の国民一人ひとりの責任は大きいと言わざるを得ない。

(富山新聞、1991年9月17日)

4. ロシア・極東地方の経済事情

1993(平成5)年6月下旬に10日間程、ロシアのハバロフスクとウラジオストクをかけ足でまわってきた。2年前にくらべると街には泥だらけの車があふれ、渋滞もひどかったし、街を歩く市民の服装も派手になってきたと感じた。真夏を思わせる程暑い毎日であったが、アイスクリームを食べながら歩く市民やベンチに腰かけてゆっくりと休んでいる老夫婦の姿をみると一見ここにも問題は

なさそうで平穏に見えた。だが、しかし市民は超インフレに悩まされ生活はたいへん苦しいというのが実情である。1991（平成3）年12月にソ連邦が崩壊し、価格の自由化政策が導入されてから一時的に物不足が生じたが、今は「モノはあっても高くて買えない」というのが多くの市民の声であって悲鳴とも受けとれた。事実、1992（平成4）年1年間に物価は26倍にもはね上がったのに収入は13倍にしか増えなかったのだから当然といえよう。デパートでも自由市場でも物は豊富にならべられていて、どこも買い物客でごったがえしていた。

　国営商店に比べ自由市場の方が物が豊富で買い物客も多かった。市民は多少値段が高くても自由市場を好むようだ。そこには、中国、韓国、ベトナム、モンゴルなどから商品を持ち込んで売る外国人たちの多いのに驚いた。それどころかもっと驚いたのは犬をだいて売っている人たちを見かけたことであった。中国の東北地方では犬の肉を食べる風習があって、犬を見かけることは少ないがロシアでは犬をだいじにするようだ。

（1）旧政策足かせに

　物価がどんどん上昇すると貨幣価値も下がる一方だから、政府は近く5万ルーブルの紙幣を発行する計画をもっている。旧ソ連のころは中央集権的な計画経済のもとで特定の地域に生産を集中させていたが、ソ連邦が崩壊した今日ではそれがかえって大きな足かせとなって物不足と物価高騰、ひいては経済の不振を招いているようだ。それにもかかわらずモスクワの中央政府が財政難を理由に地方政府に財政的援助を行わないのだから、地方政府も財政難におちいることになる。そこで、地方政府はいきおい市民の給料はおさえて税金をとりたてることになる。市民生活が苦しいのは言うまでもない。

（2）犯罪で社会不安

　こうしたことはロシアに行く前からある程度予測できたことだが、実際はもっとひどいことがわかった。市民の間に貧富の格差が広がり、社会不安を巻

き起こしていることである。ウラジオストクでもらったパンフレットには「夜は中から2回転させて用心のためのカギをおかけください。どろぼうや強盗に侵入されないとも限りませんので。ノックされてもすぐには開けないで、当分はそれがご自分の知人または会う約束をしている人間だとは思わないで下さい。……。街を1人歩きするのは避けて下さい。一般市民の皆様に対する好意や親切心を尻目に中には犯罪者になる恐れのある人間もいないとは限りませんので」と書いてあった。ウラジオストクで泊めてもらった地理研究所のバグラノフ所長さんのお宅でも玄関は二重ドアでどろぼうや強盗にずいぶん気をつかっていると聞かされた。

(3) 電力と水不足

電力不足で街灯が消えたことも犯罪が増えた理由の1つであるらしい。電力不足はもっと深刻かと思っていたが、かなり頻繁に市内電車が走っていたのでホッとした。しかし、バグラノフ所長さんのお宅は7階にあって、エレベーターがないので毎日上り下りしなければならなかったし、おふろは1日おきだった。ある時は水道の断水でトイレが使えないこともあった。水不足もウラジオストクでは深刻なようだ。それに、ウラジオストクはロシアで1番物価が高くて最近は少しずつ人口流出が見られるという。バグラノフ所長さんが郊外に持っているダーチャ（一種の別荘）を見せてもらったが、市民の多くがこうした別荘のまわりに家庭菜園をもっていて野菜の栽培をしている姿を見ると、そこには生活を守る知恵だけでなく、日本にはないロシア人の生活を見つけることができた。

(4) 富山へ定期空路を

最近は若い人たちが研究所よりも給料の高い会社に就職する傾向がみられるという。また、子どもたちのなかには泥だらけの自動車を洗って金もうけをする光景も見られた。経済改革がすすんで市民一人ひとりがお金もうけを重視

しているようだ。しかし、それでも市民の生活が苦しくなると、自ずと州政府に批判の目がむけられるのも仕方がない。富山県がめざす環日本海交流にとって大事なクズネッォフ知事やバトリン副知事が辞任に追いこまれたのも無理はない。2年前にウラジオストクで開かれた市場経済セミナーでお会いしたことのある沿海州政府経済部長のトマノフさんも富山県の環日本海交流に大きな役割を果たしてきた人だが、新しい知事のもとで苦労されているようだった。しかし、ウラジオストクから富山への定期航空路の開設はかならず実現させるという力強い返事を聞いた時はうれしかった。

(5) 富大に学生の目

　ハバロフスクでもウラジオストクでもインフレに苦しむ市民の目はもはやモスクワではなく日本やアジア、アメリカに向けられているようであった。1993（平成5）年6月23日からハバロフスクで開かれた国際シンポジウムでもロシア極東地方の経済発展について議論されるのを聞いているとそう感じざるを得なかった。また、ウラジオストクの地理研究所のバクラノフ所長さんから1993（平成5）年9月にウラジオストクで日本海地域の開発に関するセミナーを開くのでぜひ参加して欲しいと言われ、その熱意にはロシア極東地方が新しい国際関係（それは環日本海交流）の構築をめざしたいという意欲がうかがわれた。沿海州政府の農業担当者からは日本の農業と農業協同組合をモデルにして改革をすすめたいという意見を聞いて驚いた。いずれにしても市民はロシア政府にそれほど期待していないようだ。だからこそ、沿海州政府が自治権を主張するわけだ。ウラジオストクの極東総合大学では日本のなかでも富山大学との交流を熱望された。若い学生諸君の目は富山に向いているようだった。ボーダレス時代にあって大事なことはわれわれが国境を越えて交流を活発にし、新しい発展の方向を模索することではなかろうか。

　　（富山新聞、1993年8月2日）

第2章
日本の貿易・投資と環日本海（東海）地域

　かつて、1960年代から1970年代にかけて日本海沿岸地域では「日本海時代」と呼ばれた一時代があったが、その夢は実現されないまま今日に至っている。しかし、今、われわれは「環日本海（東海）時代」という新しい時代を迎えている。

　1989（平成元）年のベルリンの壁の崩壊やゴルバチョフのペレストロイカ政策によるソ連邦や東欧諸国の改革と開放、ソ連邦の崩壊によって戦後40数年間つづいてきた米ソ2大超大国による東西対立の冷戦構造が崩壊した。

　冷戦時代の終焉とともに国家のもつ意味は相対的に薄れ、地域がさまざまな条件のもとで国境を越えて独自の国際化をすすめている。ヨーロッパではECの市場統合から欧州連合（EU）へ、北米ではアメリカ、カナダ、メキシコの北米自由貿易協定（NAFTA）の締結など経済面での地域統合が活発化している。

　もちろん、こうした動きはアジアでも見られるものであり、経済的な相互関係の強まりを背景に地域間の協力関係を強化する動きが活発である。その1つは1993（平成5）年のAFTA（ASEAN自由貿易地域）の形成である。また、中国沿岸の華南地域では華南経済圏、中国、韓国、日本の九州との間には環黄海経済圏などが形成されている。

　こうした経済圏の形成を反映して日本海（東海）を囲む日本とロシア極東地域、韓国、朝鮮民主主義人民共和国（北朝鮮）、中国東北三省（黒竜江、吉林、遼寧省）の間でも経済交流が拡大し、環日本海（東海）経済圏の形成の動きが

みられる。

　環日本海（東海）経済圏を構成する国と地域の面積は 7,602km^2 で全アジアの約 20% を占め、人口は 29,385 万人で約 10%、GNP は 31,521 億ドルで約 15% を占める。この地域は豊かな資源と労働力に恵まれ、高いポテンシャルを有するものの未開発で十分活用されていない。ロシア極東地方、中国東北 3 省、朝鮮民主主義人民共和国では石炭、石油、天然ガス、森林、漁業などの豊かな資源、豊富な労働力と巨大な市場に、日本と韓国は資本と技術に恵まれており相互補完関係による経済発展の可能性が大きいので、ここに一大経済圏をつくろうというのが「環日本海（東海）経済圏」構想である。

　この「環日本海（東海）経済圏」構想は大きな意義をもつ。その 1 つは、かつて「日本海（東海）」は「緊張と対立」の海であったが、今や「平和と友好」の海へと変わりつつある。環日本海（東海）地域から戦争の危険がまったくなくなったわけではないが、東西冷戦構造の崩壊によって今日の環日本海（東海）地域の情勢は大きく変わったと言えよう。第 2 はかつての日本海時代の交流が貿易を主とした 2 国間交流であったが、今日の交流は貿易だけでなく投資、技術、文化、教育など多面的でしかも多国間の交流であるということである。とくに経済交流について言えば日本海（東海）を囲む国や地域のもつ有利性をいかして、貿易、投資の両面にわたって相互に交流を進め、1 つの経済圏をつくろうとしていることである。第 3 は環日本海（東海）時代という新しい時代の交流がかつてのような国と国の交流というよりは、むしろ 1 国内の地域と地域の交流であり、しかもいずれの地域も中央から遠く離れ、開発の遅れた地域である。ロシアの極東地域はモスクワから遠く離れており、中国東北 3 省は北京から離れているし、日本の日本海沿岸地域は東京から離れていていずれも開発の遅れた地域である。朝鮮半島の東海岸も同様である。それだけに経済交流と経済圏の形成の難しさがあると同時に意義もまた大きいのである。

　しかし、「環日本海（東海）時代」の到来とともに、この地域の経済交流が活発になっているが、期待されているほどではないこともまた事実である。環

日本海（東海）経済圏構想じたいはすばらしいが、現実はけっしてその通りに進んでいない。環日本海（東海）経済交流と経済圏形成の難しさを指摘せざるを得ない。

日本がこの地域でもつ経済力と技術力が大きいだけに、日本の果たす役割が問われているといっても過言ではない。本章の目的は戦後日本の経済発展に果たしてきた貿易と投資の役割をふりかえり、環日本海地域とのかかわりと今後の課題を明らかにすることである。

1. 経済成長と産業構造の転換

日本経済は戦後の混乱期にはインフレを克服し、朝鮮戦争による特需景気を経て、経済が正常化したのはほぼ1955（昭和30）年頃であったが、この時期に重化学工業化と輸出指向を軸として、民間設備投資が経済成長を索引するという経済成長の枠組みが形成された。その後、日本経済は15年間という長期にわたって年率10%という高度成長を続けたが、1971（昭和46）年のドルショック、1973（昭和48）年と1979（昭和54）年のオイルショックにより、その調整過程で成長率は大幅に低下することになった。しかし、景気が後退したと言っても、年率5.2%という他国に比べ高い経済成長率であった。

このようにわが国が高い経済成長率を実現させた理由はいろいろ考えられるが、その1つとしては産業構造の転換を指摘せざるを得ない。わが国は経済成長を達成するために産業構造を大きく転換させた。日本経済が高度成長期に入る直前の1955（昭和30）年には農林、水産業などの第1次産業もかなり高いウエイトをもっていたが、しだいに重化学工業のウエイトが高まり、産業構造が大きく変わった。戦後復興期の繊維・雑貨から1960年代には鉄鋼や石油化学などの素材型産業がわが国経済を索引し、1970年代には自動車産業や機械産業、1970年代後半からは自動車産業や機械産業が堅調な成長を維持する

なかで電気産業が急速に拡大した。経済の高度成長が終焉するとともに工業の質的変化とも言うべき高度化を実現し、他方では1970年以降は、サービス産業といわれるような第3次産業化が着実に進んだのである。

2. 貿易構造の変化

日本の輸出額は高度成長期に世界の輸出額の伸びをはるかに上回るほどの高い伸びを実現したが、その背景として世界の貿易構造の変化に対応して輸出商品構造が大きく転換したことである。輸出額の大きい商品についてみると、軽工業品の比率が第1位であった1960（昭和35）年前後から1970年代前半には鉄鋼、船舶が輸出の中心となったが、1970年代後半になると鉄鋼や船舶の比率が次第に低下して、1977（昭和52）年には自動車が第1位となり、科学光学機器やラジオ受信機などが上位を占めるようになった。1980年代から1990年代には自動車に次いで事務用機器や半導体電子部品、科学光学機器が上位を占めた。

一般に素材型産業や軽工業は原燃料価格の上昇や賃金の上昇につれ国際競争力を失うとともに、他方では発展途上国の工業化につれて先進国から発展途上国に産業移転が進むものであるが、日本の産業移転の過程はその典型であるといえよう。つまり、日本の輸出商品はつねに主力商品が交代し、しかも高付加価値商品へと転換した。それゆえ、日本の輸出地域は1975（昭和50）年には先進地域が42.0％を占めていたが、1992（平成4）年には54.4％と増加した（表2-1）。

一方、輸入についてみると、もともと日本は燃料、工業用原料の輸入比率が大きく、工業製品の比率が小さかった。1970年代の2度に及ぶ石油危機による原燃料価格の急騰によって原燃料や食料は高い比率を占めていたが、省資源・省エネルギー技術の導入によってこれらの比率は低下した。わが国経済の

表 2-1 輸出入の地域別構成

(%)

		先進地域				発展途上地域					中国・ロシア・東欧など
		アメリカ	EC	大洋洲・南ア	小計	東南アジア	中近東	中南米	アフリカ	小計	
輸出	1975	20.0	10.8	5.4	42.0	22.5	10.9	8.5	7.3	49.6	8.4
	1980	24.2	13.2	4.5	47.1	23.8	11.1	6.9	3.8	45.8	7.1
	1985	37.2	11.4	4.3	58.3	18.9	6.9	4.8	1.4	32.4	9.2
	1990	31.5	18.7	3.3	59.2	28.8	3.4	3.6	1.2	37.3	3.4
	1992	28.2	18.4	2.9	54.4	30.7	4.5	4.7	1.2	41.2	4.4
輸入	1975	20.1	5.9	9.3	41.3	18.3	28.5	4.4	1.9	53.5	5.2
	1980	17.4	5.6	6.8	35.0	22.6	31.7	4.1	1.5	60.3	4.7
	1985	19.9	6.9	7.9	41.0	23.4	23.1	4.8	0.8	52.4	6.5
	1990	22.3	14.9	6.8	50.8	23.3	13.3	3.9	0.8	42.0	7.2
	1992	22.4	13.4	6.9	48.9	24.7	12.6	3.7	0.7	42.0	9.1

(出所) 大蔵省『通関統計』

　高度成長期には原燃料が比較的安く、しかも大量に輸入できたので素材型産業が発展し、重化学工業製品の輸出が伸びたのであるが、石油危機に伴う省エネ技術の進展によって素材型産業のための原燃料の輸入額が減少したのに対し、工作機械やOA機器、電気機械などの加工組立型産業の製品の輸入が増加した。輸入地域については輸出地域ほど大きな変化はみられない。1975（昭和50）年には先進地域が41.3%を占めていたが、その後少しずつ伸ばし1992（平成4）年には48.9%となった（表2-1）。
　貿易収支をみると、1960年代の初めには輸入額が輸出額を上回っていたが、経済成長とともに輸出額が増え貿易黒字は徐々に増加していった。1965（昭和40）年当時には貿易黒字はわずか19億ドルであったが、1975（昭和50）年には50億ドル、1985（昭和60）年には560億ドルと大幅に増加した（表2-2）。この貿易収支に貿易外収支や移転収支を含めた経常収支をみると、1960年代から1970（昭和45）年にはマイナスの年もあり決して黒字が大きいとは言えなかったが、1980年代に入ると年々大幅に増加して海外諸国と

表 2-2　国際収支（IMF ベース）

項目 年	経常収支					長期資本収支 (a)	基礎的収支	短期資本収支 (a)(b)	誤差脱漏	総合収支	外貨準備高 (年末)
	貿易収支		貿易外収支	移転収支						
		輸出	輸入									
1961	▲10	▲6	41	47	▲4	▲0.4	▲0.1	▲10	0.2	0.2	▲10	15
1962	▲0.5	4	49	45	▲4	▲0.3	2	1	1	0.06	▲2	18
1963	▲8	▲2	54	56	▲6	▲0.5	5	▲3	1	0.4	▲2	19
1964	▲5	4	67	63	▲8	▲0.7	1	▲4	2	0.1	▲1	20
1965	9	19	83	64	▲9	▲0.9	▲4	5	0.6	▲0.5	▲4	21
1966	13	23	96	74	▲9	▲1	▲8	4	0.6	▲0.4	▲3	21
1967	▲2	12	102	91	▲12	▲2	▲8	▲10	5	▲0.7	▲6	20
1968	10	25	128	102	▲13	▲2	▲2	8	2	0.8	11	29
1969	21	37	157	120	▲14	▲2	▲2	20	2	1	23	35
1970	20	40	190	150	▲18	▲2	▲16	4	7	3	14	44
1971	58	78	236	158	▲17	▲3	▲11	47	24	5	77	152
1972	66	90	280	191	▲19	▲5	▲45	21	20	6	47	184
1973	▲1	37	363	326	▲35	▲3	▲98	▲99	24	▲26	▲101	122
1974	▲47	14	545	530	▲58	▲3	▲39	▲86	18	▲0.4	▲68	135
1975	▲7	50	547	497	▲54	▲4	▲3	▲10	▲11	▲6	▲27	128
1976	37	99	660	561	▲59	▲3	10	27	▲1	1	▲29	166
1977	109	173	793	620	▲60	▲4	▲32	77	▲6	7	▲77	228
1978	165	246	956	710	▲74	▲7	▲124	41	▲15	3	▲60	330
1979	▲88	181	1,012	994	▲95	▲11	▲130	▲217	▲27	23	▲167	203
1980	▲107	21	1,267	1,246	▲113	▲15	23	▲84	▲31	▲31	▲84	252
1981	48	200	1,495	1,296	▲136	▲16	▲97	▲49	▲23	5	▲21	284
1982	69	181	1,377	1,196	▲98	▲14	▲150	▲81	▲16	47	▲50	233
1983	208	315	1,455	1,140	▲91	▲15	▲177	31	▲0.2	21	▲52	245
1984	350	443	1,683	1,240	▲77	▲15	▲497	▲146	▲43	37	▲152	263
1985	492	560	1,740	1,180	▲52	▲17	▲645	▲154	▲9	40	▲123	265
1986	858	928	2,056	1,128	▲49	▲21	▲1,315	▲456	▲16	25	▲448	422
1987	870	964	2,246	1,282	▲57	▲37	▲1,365	▲495	239	▲39	▲295	815
1988	796	950	2,598	1,648	▲113	▲41	▲1,309	▲513	195	28	▲290	977
1989	572	769	2,696	1,927	▲155	▲42	▲892	▲321	208	▲220	▲333	849
1990	358	635	2,804	2,168	▲223	▲55	▲436	▲78	215	▲209	▲72	771
1991	729	1,030	3,066	2,035	▲177	▲125	371	1,100	▲258	▲78	764	690
1992 ⓟ	1,176	1,326	3,308	1,982	▲103	▲47	▲281	895	▲83	▲96	716	687

(注)（a）▲は資本の流出（資産の増加および負債の減少）を示す。
　　（b）金融勘定に属するものを除く。
(出所) 日本貿易会『日本貿易の現状〔1993 年版〕』1993 年 3 月、p.65

摩擦を生じるようになった（表2-2）。輸出の増大は貿易収支の不均衡を拡大させ、貿易摩擦をいっそう深刻なものとした。

そのため、1986（昭和61）年4月には「国際協調のための経済構造調整研究会」が前川レポートを発表したが、そのなかで「わが国の対外不均衡は是正すべき重要な課題である」として、「国際協調型経済構造への変革を図ることが急務である」と述べているが、その効果もたいしてみられないまま経常収支は大幅に増大していった。

3. プラザ合意と海外直接投資

1985（昭和60）年9月の先進5か国蔵相会議（G5）によるドル高是正に対する同意（いわゆるプラザ合意）は先進国間の為替調整を促す契機となった。1985（昭和60）年には1ドル238円であったが、翌年には168円、1987（昭和62）年には144円、そして1988（昭和63）年には128円と3年間に実に86％も円高になったことになる。この円高が日本経済を直撃したことはいうまでもない。

1981（昭和56）年以降、日本は貿易黒字を着実に増大してきたが、プラザ合意以降の円高を契機として1990（平成2）年までその増大にも歯止めがかかった。輸出地域もプラザ合意以降、アメリカの比率が低下し、その反対に東南アジアの比率が高くなった。その意味で、プラザ合意は輸出地域の編成変えを促進する契機ともなった。

さらにプラザ合意は日本の貿易構造を変える契機となっただけでなく投資構造をも変えることにもなった。日本の海外直接投資は1980年代前半にも増加傾向にあったが、1985（昭和60）年を境に急増し1989（平成元）年まで続いた（表2-3）。この時期の急速な増加は、1980年代はじめから激しくなってきた貿易摩擦に対応したものであった。プラザ合意以降、日本経済は貿易だけ

表 2-3 形態別海外投資の推移（許可ベース）

（単位：件、億ドル）

年度	証券取得 件数	証券取得 金額	債権取得 件数	債権取得 金額	支店設置・拡張 件数	支店設置・拡張 金額	不動産 件数	不動産 金額	合計 件数	合計 金額
1975	833	16.5	580	14.9	41	1.3	137	0.1	1,591	32.8
1976	882	14.9	577	18.8	58	0.8	135	0.2	1,652	34.6
1977	830	13.2	708	13.9	59	0.7	164	0.4	1,761	28.1
1978	887	20.4	1,124	23.8	48	0.8	334	1.0	2,393	46.0
1979	990	18.3	1,255	29.9	51	0.6	398	1.1	2,694	50.0
1980	790	23.0	1,352	21.9	50	1.2	250	0.9	2,442	46.9
1981	748	32.5	1,773	55.7	42	1.1	—	—	2,563	89.3
1982	765	33.8	1,741	41.8	42	1.5	—	—	2,548	77.0
1983	868	37.5	1,848	41.9	38	2.0	—	—	2,754	81.5
1984	828	46.0	1,636	53.4	35	2.2	—	—	2,499	101.6
1985	1,023	59.6	1,552	59.2	38	3.3	—	—	2,613	122.2
1986	1,419	125.5	1,728	92.1	49	5.7	—	—	3,196	223.2
1987	2,126	199.4	2,387	129.7	71	4.5	—	—	4,584	333.6
1988	2,724	286.4	3,263	178.0	89	5.8	—	—	6,076	470.2
1989	2,602	431.7	3,910	236.3	77	7.4	—	—	6,589	675.4
1990	2,249	385.1	3,565	176.0	49	8.1	—	—	5,863	569.1
1991	1,559	271.3	2,983	140.0	25	4.5	—	—	4,564	415.8
1992	1,397	216.7	2,318	121.1	26	3.6	—	—	3,741	341.4

（資料）大蔵省国際金融局「対外直接投資届出実績」。
（注）1. 件数は許可・届出ベース。
2. 件数は新規案件のみを計上。
3. 件数は単位未満四捨五入。
4. 外為法の改正により 1980 年 12 月以降は、①出資比率が 10% 以上（改正前は 25% 以上）の外国法人に対する「証券取得」・「債権取得」等を計上。②「不動産」は対外直接投資の範囲から除かれたため計上されていない。

でなく直接投資の飛躍的拡大を通じても世界経済とも結びつきを強めたのである。とくに、1980 年代後半以降、アメリカ、ヨーロッパなどの先進国向けの投資が増大した。1990 年代に入ると、これらの地域の投資額が大幅に減少するなかで、アジア向け投資はあまり減少しなかったので相対的に比率を高めた。とくに、製造業の投資の比重が高いことに特徴がある。プラザ合意以前は

日本はアジア NIES に対して資本財や技術を供給するという関係であったが、1985（昭和 60）年以降になると日本の直接投資額はアジア NIES 諸国でアメリカを上回るようになった。つまり、アメリカに代わって、日本がアジアに対して資本供給の役割も担うことになったのである。電気、機械、自動車、半導体などの現地生産が盛んとなった。日本の企業はアジアに生産拠点をシフトさせながらグローバリゼーションに対応していると言ってよい。

また日本の直接投資の業種構成をみると、1960年代から1970年代にかけては鉱業がもっとも高く開発投資型であったが、1970年代の後半から1980年代にかけては現地販売拠点を中心とする商業投資に重点が移り、1986（昭和61）年以降になると金融の国際化に伴って金融・保険業への投資が急増した。

4. プラザ合意と製品輸入・空洞化

日本の製品輸入比率は 1985（昭和 60）年から急速に上昇し、1989（平成元）年以降は 50％ を上回るに至った（図 2-1）。急激な円高によって海外での

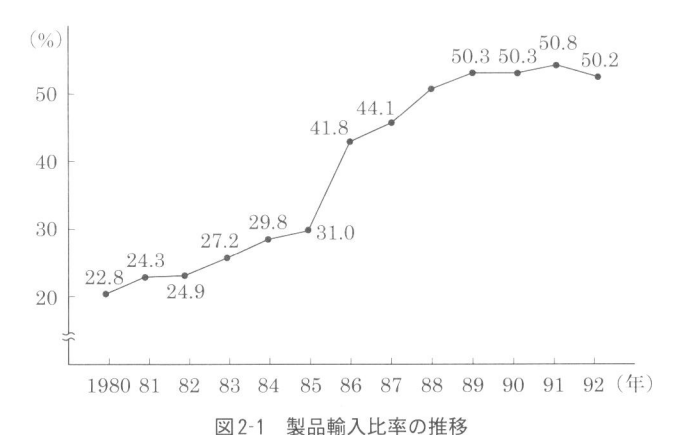

図2-1 製品輸入比率の推移
（出所）日本関税協会「外国貿易概況」

現地生産が増え、相対的に比較劣位の産業が発展途上国に移ると当然製品輸入額が増えるわけだが、他の先進諸国に比べるとかなり低いことが指摘されている。それでも、日本の貿易構造は垂直型から水平型へと構造転換を早めたことは事実である。

　プラザ合意による急激な円高に対応すべく、日本の企業も円高による競争条件の不利を克服するために合理化や生産調整によって生産性の上昇や新分野への進出を図るなど、積極的にリストラを行ったり、海外に生産拠点を移している。とくに、1991（平成3）年から始まったバブル崩壊を契機としてその傾向は強まっている。円高に対応して海外に進出できる大企業は別として、その下請企業である中小企業は海外に進出することもできず、リストラで対応するか、さもなければ倒産せざるを得ないという状況が続いている。民間信用調査機関のデータバンクの調査結果によれば、1995（平成7）年度の企業倒産（負債額1,000万円以上）は負債総額が前年度比32.0%増の8,170億円とバブル崩壊直後の1991（平成3）年度を上回る史上最悪を記録した。いずれにしても急速な円高は地域経済に深刻な影響を与えており、地域経済の空洞化が問題となっている地域も少なくない。

5. 日本と環日本海（東海）地域との貿易・投資の関係

　これまで述べたように、プラザ合意以降、日本とアジアの国々とは貿易・投資の両面において結びつきを強めている。しかし、環日本海（東海）地域を構成するロシア極東地方、中国東北地方、韓国、北朝鮮との結びつきは韓国をのぞくと決して強いとは言えない。また、日本の貿易・投資額に占める環日本海（東海）地域のもつウエイトは小さい。近年、東アジア経済の発展はすばらしいが、そうしたなかでこの環日本海（東海）地域は依然として空白地帯となっていると言っても過言ではない。

環日本海（東海）経済交流という場合、現在では日本のなかでその中心となっているのは北海道から九州までの日本海沿岸地域である。この地域はかつては日本の歴史のなかで重要な役割を果たしながらも、資本の蓄積が不十分なため自立的な発展の道が求められず、太平洋側との格差は大きくなり、しかも太平洋側に従属する形となった。このことはわが国経済の高度成長期にいっそう明瞭となり、今日、日本海沿岸地域には人口の減少と過疎化、高齢化といった社会問題が生じ、その解決に迫られている。今、日本海沿岸地域では各県とも日本海（東海）をはさんで対岸諸国と経済交流を活発にすることによってこの地域の振興を図ろうとしているのである。

　北海道から福岡県までの日本海沿岸地域（兵庫県を除く13道府県）の対岸諸国4か国（ロシア、韓国、北朝鮮、中国）への輸出量は1992（平成4）年に500万トン、輸入量は同じく1992（平成4）年に1,700万トンである。これは1989（平成元）年に比べると、輸出では55％増加したが、輸入では10％減少したことになる。1992（平成4）年には輸出は対韓国が65.2％、対中国が24.1％、対ロシアが9.9％を占め、全国に比べロシアのウエイトが相対的に高く、中国のそれが低いことが特徴的である。一方、輸入では対ロシアが43.4％、対中国が37.7％、対韓国が16.7％、対北朝鮮が2.3％を占め、全国に比べロシアのウエイトが高く、中国のウエイトが低い。輸出入とも日本海沿岸地域ではロシアのウエイトが高いことがわかる。

　ロシアとの関係をみると輸出量1に対し、輸入量は16.5と圧倒的に輸入量が多いことである。輸出では福岡県、北海道、富山県などが多く、輸入では富山県、北海道、福岡県が多い。中国とは輸出では山口県が54％を占め、輸入では福岡県が32.2％を占め最も多い。韓国とは中国の場合以上に福岡県、山口県に集中しており、この両県で輸出の77％、輸入の63％を占める。また、北朝鮮とは輸出入量とも少なく、輸出では福岡県が67％を占め圧倒的に高く、輸入では福井県、福岡県、北海道、新潟県の4道県で79％を占め、特定の道県に限られている。

日本海沿岸地域の対岸諸国との貿易は東西冷戦構造の崩壊とともに拡大しているとは言え、対岸諸国との輸出入量は輸出では対全国比の20％、輸入では28％を占めるにすぎない。また、日本海沿岸地域のなかでは輸出では福岡県が38％、山口県が37％を占め両県で75％を占めること、また輸入では福岡県が26％、北海道が22％を占め、輸出に比べると特定の県に集中する傾向は弱いことがわかる。富山県は輸出では第5位で10万t（2％）、輸入では第3位で253万t（15％）を占める。いずれにしても、わが国と日本海（東海）をはさんで対岸諸国との相互依存関係は今なお未成熟であり、国際分業関係は立ち遅れていると言ってもよかろう。

　一方、兵庫県を除いた日本海沿岸地域13道府県の企業のなかで対岸諸国に進出している企業は表2-4のとおりである。ロシア・中国東北3省・韓国・北朝鮮をあわせると280社である。中国東北3省や韓国への進出が多いことがわかる。道府県別にみると、福岡・京都・富山・新潟などの企業進出が多い。

　1995（平成7）年3月に富山県が県内企業に対してアンケート調査した結果によれば対岸諸国と経済交流のある企業は13社（9.2％）で、交流のない企業が128社（90.1％）と大半を占める。しかも交流のない企業のうち55.8％の企業が対岸諸国との経済交流に「関心がない」か、あるいは「業務上、まったく考えていない」と答えている。日本海沿岸地域では福岡県や京都府に次いで企業進出のさかんな富山県であるが、全体の企業からみれば進出企業は10％に満たないのが現状で、他の企業もあまり対岸諸国に関心を持っていないと言っても過言ではない。それどころか、「過去に経済交流があったが、現在はない」と回答した企業が6社あった。これらの企業が撤退した理由としては「パートナーとのトラブル」、「生産性が思うようにアップしない」などをあげている。

　富山県に限らず、日本からの企業進出が少ないのは、対岸諸国との間に見られる社会制度やシステムのちがい、国有企業の民営化などの問題などがあるからである。ロシアや中国には企業会計制度が国際基準とかけ離れているため相手側の企業評価が正確にできないとか、金融・証券制度、社会保障制度、不動

表 2-4　環日本海諸国・地域への投資件数

	ロシア	中国（全土）	（内東北三省）	韓国	北朝鮮	備考（出所）
北海道	20	18	不明	不明	不明	関係業界ヒアリングなどによる
青森	0	8	2	0	0	ジェトロ青森（96年9月現在）
秋田	0	28	7	2	0	秋田県工業振興課、ジェトロ秋田（95年12月現在）
山形	0	21	4	2	0	平成7年山形県貿易実態調査
新潟	6	44	13	9	0	平成7年度新潟県内企業海外進出状況調査報告書（新潟県商工労働部）
富山	10	45	15	7	0	「富山県の海外事業（95.3）」とやま国際センター発行。マスコミ報道などをもとに作成。
石川	2	27	13	6	1	石川県輸入海外投資活動実態調査報告書1995
福井	0	31	1	5	0	1995年の福井県の貿易・投資等実態調査
京都	2	69	15	36	1	京都企業の海外進出状況（94年、京都銀行）
鳥取	1	25	1	1	0	ジェトロ松江（96年9月現在）
島根	1	23	0	14	1	ジェトロ松江（96年9月現在）
山口	0	36	不明	5	0	ジェトロ山口（96年3月現在）
福岡	2	198	48	27	0	データ九州「（財）九州経済調査協会」
計	44	573	119	114	3	

（資料）ジェトロ「中国経済」1997年1月

産制度、情報通信システム、輸送システムのちがいがみられる。また、国有企業の民営化・活性化も大きな問題である。現地の企業や投資環境の正確な情報が不足していること、インフラの整備が遅れていること、政治的不安定性、治安の問題など日本企業の進出が活発にならない多くの問題がある。

　しかし、こうした問題は日本だけの問題ではないはずである。それにもかかわらず韓国では1989（平成元）年以降、中国への投資件数、投資額が急増している。1989（平成元）年には投資件数は18件、投資額は1,430万ドルであったが、1992（平成4）年には286件、2,390万ドルと大幅に増えた。中国での日本に対する期待が熱いにもかかわらず、日本の投資よりも韓国の方が大幅に急増しているのはなぜだろうか。その理由としては、日本企業があまりにも目先の利益にとらわれ、長期的視野に立った意志決定に欠けるという点が指摘される。それに対して、韓国では国内の労賃が急上昇したことと、1992（平成4）年に中国との国交が樹立したことがあげられる。このほか投資の多い東北3省や黄海・渤海地域には朝鮮系の民族の多いことも理由の1つであろう。

　さて、冷戦構造の崩壊はこの地域が世界の新しい歴史の舞台に登場したことを意味する。環日本海（東海）はながい間、「対立と緊張の海」であったが、ようやく「平和と友好の海」となり、相互に新しい関係を構築できる条件が生まれた。しかし、この試みはいまだ世界の人類が経験したことのない初めての大きな実験であるといって過言ではない。というのは、この地域は政治・経済体制が異なり、経済の発展段階、民族、宗教、歴史、言語などさまざまな面で異なっているので交流が容易でないからである。また、この地域の歴史は「戦争の歴史」であったと言ってもよいほどこれまで戦争をくり返してきたが、日本の責任が問われ負の遺産を背負っているからである。この地域の貿易と投資を活発にして、相互依存関係をつくり、繁栄する国や地域をつくることは、政治的・経済的にこの地域にとって不可欠であるばかりでなく、世界の平和と安定にも貢献するであろう。

　しばしば環日本海（東海）地域を構成する国や地域の間には、相互依存関係

をつくる条件があるといわれる。日本と韓国の資本と技術、ロシア極東地方や北朝鮮の資源、中国東北3省の労働力などそれぞれが相互に有利な条件をいかして交流を深めるならば1つの経済圏を作ることができるというのである。しかし、このことは裏を返せば一国や一地域では不可能であることを意味する。また、この地域では日本の経済力や技術力が圧倒的に優位な立場にあるから日本の動向がこの地域のあり方を左右することになる。

　しかし、日本が環日本海（東海）地域に真正面から向きあっているかと言えば決してそうではない。戦後、日本は欧米重視の政策をとってきたが、その姿勢は依然として変わらない。日本はアジアとどういうかかわりをもつかを真剣に考えなければならないが、貿易や投資の実態ほどには考えていないようである。もちろん、日本と環日本海（東海）地域の関係はもっと弱い。まだ日本のなかでも北海道から北陸、山陰、九州にいたる日本海沿岸地域の自治体や経済界、市民が交流を始めたばかりであるといっても過言ではない。

　今後、われわれは環日本海（東海）地域にどのような関係をもつかは日本海沿岸地域だけの問題ではないはずである。たしかに環日本海（東海）交流が活発になることは日本海沿岸地域の振興に役立つことだが、このことは東京一極集中を是正し、地域格差を解消して日本の発展にも役立つはずである。

　日本海沿岸地域は農林漁業といった第1次産業に加えて中小企業が多いが、対岸諸国はこういった企業の技術を学び、自国の生産に役立てたいと思っているし、貿易や投資を通じて経済交流を活発にしたいと考えている。そういう意味では日本と環日本海（東海）地域の経済交流はきわめて重要なことである。

6. 「環日本海（東海）経済圏」形成のための課題

　東西冷戦時代の終焉とともに、日本と対岸諸国との交流は自治体、各種団体、民間を問わず活発になってきたことは事実である。しかし、ムードの割りには現実はけっして順調ではない。何が問題であり、今後われわれはどうとり組むべきであろうか。

　日本が対岸のロシア、中国、韓国、北朝鮮などの国々と交流を促進・拡大するためには、共通の理念がなくてはならない。それは、体制や民族・宗教・文化・経済の発展段階の違いなどを越えて市場拡大による共通の繁栄をめざし平和な社会と新しい世界秩序を構築することである。そのためには、今までのような友好・交流の段階から協力・支援の段階へと一歩進めなくてはならない。友好・交流は相互の理解には役立つが、それ以上のものを期待することはむずかしいからである。

（1）　日本の課題

　まず第1に指摘しなければならないことは、過去の歴史について反省と理解を深め、日本海を平和と友好の海にしなくてはならない。対岸諸国の人びとにとって日本との関わりの多くは戦争、植民地支配といった不幸な歴史であったからである。したがって相互の信頼と共感を得られるような関係を築くことが環日本海（東海）交流を促進・拡大するための最優先課題である。環日本海（東海）交流は国と国の交流というよりは地方と地方の草の根の人間的な交流である。

　第2に日本はこれまでのような欧米重視、輸出主導型、生産重視の経済構造を改め、アジア重視、内需主導型、生活重視の経済構造に転換しなくてはならない。そのためには、種々の規制を緩和し、内外価格差を是正して国民生活を豊かにする政策をすすめなくてはなるまい。それと同時に、東京一極集中型の

国土構造を多極多軸型のものに転換して過密と過疎を解消し、豊かで住みよい日本列島をつくることである。

　第3に自立・開放・ネットワーク型の環日本海（東海）交流圏を形成することである。1980年代後半以降の円高基調のもとで日本の企業が安い労働力と原材料、販売市場を求めて生産現場を海外に移転させるケースが増えている。それにもかかわらず、日本の企業全体からみるとごくわずかである。期待と現実とのズレがあまりにも大きい。それにはわれわれ日本だけでなく、対岸諸国にも問題があろう。まず、われわれとしては、人材の育成、技術の移転などに配慮して国際水平分業の関係を作らなくてはならない。フルセット型の産業展開からネットワーク型の産業展開へと転換させるべきである。経済交流にあたっては、その一方で教育・研究・文化・スポーツなどあらゆる分野にわたって各界・各層による幅広い交流を進め、相互理解を深め「共生の道」を追求しなくてはならない。われわれは対岸諸国と「豊かさ」を分かちあうような関係をつくらなくてはならない。

　第4には、調査・研究機関の設置と人材の育成についてである。環日本海（東海）交流を促進・拡大するとしても、われわれは対岸諸国について十分理解しているかどうか疑わしい。また、交流の担い手が不足しているのも事実である。多くの調査・研究機関は太平洋側にあって、日本海側には北大スラブ研究センター（札幌）と環日本海経済研究所（新潟）があるのみであまりにも乏しいと言わざるを得ない。富山大学日本海経済研究所は学部内措置として設置されたものであり、予算的・人的に活発な活動には限界がある。調査・研究機関の設置と大学院の充実が不可欠である。

　一方、環日本海（東海）交流を促進するためには、対岸諸国から留学生を積極的に受け入れ相互交流を通じて日本の理解を深め、環日本海（東海）交流の担い手を育てなくてはならない。21世紀に向かって、環日本海（東海）地域がさらに発展するためには不可欠なことである。富山大学は中国の遼寧大学と早くから交流を進めてきたが、経済学部は単独に韓国・江原大学経営大学校、

中国・人民大学国民経済管理系、ロシア・極東総合大学東洋学部と交流協定を結んで留学生を受け入れているが、今後も積極的に拡大していきたい。

　第5に強調したいことは、対岸諸国と経済交流を進めるにあたっては、その前提としてわが国の日本海沿岸の北海道や各県の交流が活発にならなくてはならない。今、対岸諸国との交流を進めているのは日本海沿岸地域の自治体や経済界、各種団体であるが、それらは2国間交流が主流であるばかりか、日本海沿岸地域の相互の関係と役割分担はなく、交流はバラバラである。その原因の1つはわが国の交通、通信網をはじめとするあらゆる機能が東京一極集中のネットワーク型に形成され、日本海沿岸地域が分断されていることである。例えば、北陸の貨物流動圏をみると、発生量では19.7%と、日本海沿岸地域との関係はほとんどなく、近畿、関東、中京との関係が強いことがわかる。一方、貨物集中量をみても日本海沿岸地域の占める比率は27.5%であって、近畿、中京、関東との関係が強いことがわかる。さらに、後述するような中央集権システムのもとで中央と地方の関係が強いことがあげられる。もちろん、日本海沿岸諸県の異常なほどの競争意識にも問題があろう。「環日本海（東海）交流圏」という際の「環」をほんとうの意味での「環」とするには日本海沿岸の諸県の交流が活発にならなくてはならない。札幌市をのぞくと日本海沿岸には太平洋側のような大都市はない。新潟市の人口は47万人、金沢市は43万人、富山市は32万人、秋田市は30万人で他は10万から20万人ほどの小都市である。しかし、これらの都市は太平洋側の大都市にはみられない個性と魅力を持っている。これらの小都市を結び、交流を活発にして都市連合体をつくる必要がある。そのためには、高速交通体系、とくに新幹線網や通信網を整備して「日本海国土軸」をつくるべきである。しかし、この国土軸が有効なものとなるには環日本海国土軸の一部であるべきだし、また環太平洋国土軸ともつながり、交流循環型のものとすべきであろう。

（2） 対岸諸国の課題

　対岸諸国との交流を促進・拡大するためには、日本側の課題だけでなく、対岸諸国がかかえる課題についても解決されなくてはならない。

　対岸諸国は政治的体制もちがい経済の発展段階、文化・民族も違う。朝鮮半島の緊張緩和、ロシアの北朝鮮との国交回復、対岸諸国の政治的安定が不可欠である。とくに、中国とこれらの国々で経済の改革と開放が進み、市場経済が確立されなくてはならない。さらに、情報が公開され、投資環境が整備されなくてはならない。

（3） 日本と対岸諸国が共通してかかえる問題

　中国の東北3省、ロシア極東地域、朝鮮半島の東海岸などが環日本海（東海）地域を構成する地域である。これらの地域はいずれの国にあっても中央から離れ、未開発で経済的には遅れた地域である。これらの地域が環日本海（東海）交流を進めるためには中央集権的なシステムをあらため、中央と地方との関係を問い直すことである。

　しかし、環日本海（東海）地域では、政府レベルの支援が不可欠である。とくに、今問題となっている豆満江や三江平原の開発など大きなプロジェクトをすすめるには政府レベルの協力が必要で、領土問題、空港などのインフラ整備、ODA供与など当面する課題は多い。そのためには、「環日本海（東海）経済協力基金（仮称）」を創設し、国際的な協力機関（「環日本海（東海）経済協力会議（仮称）」）を設置すべきである。

　つぎに強調したいことはハード、ソフトの両面にわたってインフラを整備することである。東京を経由しないで直接に対岸諸国にアプローチできることは地方の国際化にとって不可欠なことである。最近では地方空港の国際化も進みつつあるが、対岸諸国への定期航空便としては新潟からハバロフスク、ウラジオストク、イルクーツク、ソウル便、富山からソウル、ウラジオストク便、小松からソウル便、青森からソウル、ハバロフスク便、新千歳からソウル便があ

るだけである。もちろん、このほか鉄道、道路、港湾などの整備も必要である。最近、日本海側では国内の輸送費が高いため、横浜や神戸の港を利用しないで直接地方港から釜山（韓国）を経由して物資を海外に輸送する傾向がみられるようになったので、港湾整備の必要が高まっている。

　最後に強調したいことは、われわれは「環日本海（東海）経済圏」形成が閉鎖的なブロック経済圏にならないように努力し、あくまで開かれた経済圏をめざすべきである。

　なお、環日本海（東海）地域の経済発展と経済交流が活発になるにつれ、環境問題も大きな問題となりつつある。環日本海（東海）の重油流出事故は環境問題の重要性をあらためて考えさせられた。環境問題こそは、日本と対岸諸国の共通の課題である。

　（環東海圏国際学術シンポジウム、1997年6月12日、韓国・江原大学）

参考文献
中藤康俊「戦後日本の地域開発」『経済評論』第35巻第8号
中藤康俊「東京一極集中構造と四全総」『経済評論』第35巻第7号
中藤康俊「『環日本海経済圏』形成の意義と課題」『経済地理学年報』第39巻第1号
中藤康俊「日本海沿岸地域の現状と課題」『研究年報』（富山大学日本海経済研究所）第19巻
中藤康俊「環日本海経済圏の現状と展望」『産業立地』第33巻第10号
中藤康俊「環日本海経済圏と日本海国土軸」北陸国際問題学会編『日本海――対岸をなお隔てるものは何か』桂書房、1993
中藤康俊「第1章、政府の環日本海経済交流」、「第2章、自治体・民間の環日本海経済交流、4、富山県・福井県・石川県」（『環日本海経済交流に関する調査・研究』富山大学日本海経済研究所、1993年所収）
国土庁編『21世紀の国土のグランドデザイン』1995
経済企画庁編『環日本海時代と地域の活性化』1992
日本海沿岸地帯振興連盟『環日本海交流圏構想に関する調査』1995

第3章

日本企業の中国進出をめぐる諸問題

1. 中国の経済発展と日本

　改革・開放以降の中国経済は驚異的な発展を遂げ、2006（平成18）年の経済成長率は政府の目標を上回る10.7%となった。経済大国としての存在感と影響力は年々増大している。それを支えたのは外国資本の投資と輸出増大である。2008（平成20）年には北京でオリンピック、2010（平成22）年には上海で万博が開催される。今、貧富の格差是正、環境保護などを目指した第11次5か年計画（2005年）が進行中である。

　旧ソビエトや東欧諸国が社会主義経済の破綻を契機に一気に社会体制まで崩壊したのに対し、中国は「社会主義市場経済」を導入した。しかし、中国経済は「自転車経済」といわれるようにたえず経済開発を進めなければならない。

2. 日本企業の中国進出

　日本企業の中国進出は中国で改革・開放政策の定着した1980年代中頃から1990年代まではどちらかといえば国内の生産拠点を人件費などコストの安い中国沿海部への進出が目的であった。大阪大学のグループの調査結果によれ

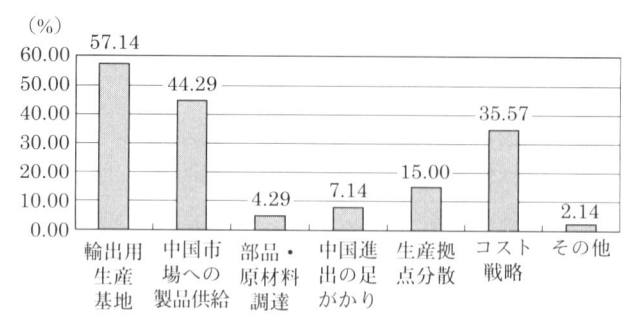

図3-1 日本企業の中国進出の理由
橋本介三編著『中国の開放経済と日本企業』大阪大学出版会、2002

ば、図3-1のように57.14％の企業が中国への進出の理由として「輸出用生産基地」をあげている。その結果、日本と中国との経済的相互依存関係は極めて密接になった。2004（平成16）年中国との貿易額が戦後初めてアメリカを上回り、中国は日本の最大の貿易相手国となった。しかし、中国にとってはそうではない。2003（平成15）年までは日本が第1位の貿易相手国であったが、2004（平成16）年には第1位はEU、2位はアメリカ、3位は日本となり、欧米との競争は激しくなる一方である。

共立総合研究所の調査結果によれば、中国との取引関係を持つ企業は持たない企業よりも利益を上げているという。今、中国ではかつての先富論から共同富裕論へと変わりつつある。

中国進出にあたっては、日本企業の「現地化」が不可欠である。進出先の住民に愛される企業でなくてはならない。「進出」と「現地化」はちがう。ヒトの現地化にあたっては中国人を積極的に活用し、人材を育成するとともに要所、要所に日本人管理職をおくべきである。中国では「人脈づくり」がきわめて重要である。日本に留学経験のある人は日本独特の慣習や文化を理解できる。

モノの現地化にあたっては、現地における部品の調達が重要である。しかし、大阪大学のグループが調査した結果によれば、部品調達上の問題として、

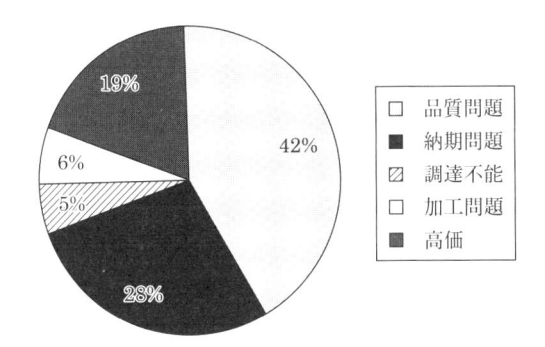

図3-2　日本企業の部品調達上の諸問題
橋本介三編著『中国の開放経済と日本企業』大阪大学出版会、2002

品質が問題であるという企業が42%、納期が問題であるという企業が28%あった（図3-2）。品質と納期が競争力に決め手である。

　日本企業は品質や納期にうるさいばかりでなく、毎年当然のように加工賃の引き下げを求めてくるといわれる。しかし、日本の本社で研修を受けても、帰国後は他社に引き抜かれるケースもあるという。中国人は高給、高位を求めて転職を繰り返すのである。日本企業がブーメラン効果を恐れて技術を教えないという批判も聞かれる。「技術・ノウハウの移転」「不良率の低下」「工程・作業の改善」「生産性の向上」では日本企業は評価しているが、「製造原価の低減」「経費の節減」では成果があったと言う企業はかなり少ない（表3-1）。

　紙、割り箸の製造は現地の原材料を調達、利用し、加工している。中国では今耕地に植林、いわゆる「退耕還林政策」を進めている。しかし、国民はけっして政府の言うとおりにはしない、いわば「上に政策あれば、下に対策あり」である。植林活動はきわめて重要であり、田中敦夫『割り箸はもったいない？』（ちくま新書）が述べているとおりである。

表 3-1　日本型経営諸慣行実施の効果に対する日本人トップの評価

日本型経営慣行	上海 成果あり	上海 平均	北京 成果あり	北京 平均	大連 成果あり	大連 平均
技術・ノウハウの移転	80.0	3.9	90.9	4.1	90.5	4.0
不良率の低下	88.6	3.9	100.0	4.2	90.0	4.1
工程・作業の改善	94.1	4.0	90.0	4.1	80.0	3.9
生産性の向上	77.1	3.9	81.8	4.0	85.7	4.0
製造原価の低減	67.6	3.7	61.2	3.6	72.5	3.8
経費の節減	55.9	3.6	57.2	3.6	58.2	3.7
経営効率の変化に関わる指標	77.2		80.2		79.5	
労働定着率の向上	65.7	3.8	77.3	3.8	72.7	3.9
欠勤率の低下	68.6	3.8	61.9	3.6	79.1	4.0
勤務状況の変化に関わる指標	67.2		69.6		75.9	
動機づけ・仕事意欲の向上	80.0	3.9	66.6	3.8	75.0	3.9
職場グループの一体感の醸成	54.3	3.5	65.0	3.7	71.4	3.7
労使一体感の醸成	48.6	3.5	57.2	3.6	67.5	3.7
職務に対するコミットメントの向上	58.8	3.6	45.0	3.5	62.8	3.7
企業に対するコミットメントの向上	52.9	3.5	35.0	3.4	53.5	3.5
仕事態度の変化に関わる指標	58.9		53.8		66.0	

(注)「成果あり」は「顕著な成果」または「かなりの成果」と回答した人の合計割合(%)。
　　「平均」は、「顕著な成果」を5、「悪化」を1とした5点尺度の平均値。
(出所) 市村真一編著『中国からみた日本的経営』東洋経済新報社、1998

3.　「世界の工場」といわれる中国

　最近、消費需要が拡大し、WTOへの加盟を契機に「世界の工場」といわれた中国がむしろ「世界の市場」として注目されるようになった。日系メーカーの商品は機能的、品質的であり、アフターサービスの面でも優れている。日本では「出る杭は打たれる」といわれるが、中国では「出る杭には群がる」ということわざがある。

　最近、日本企業は外資規制法の緩和や法整備により合弁から独資に進出の形

態が変わった。世界的な分業体制の一環として、日本は資本財や情報技術関連の部品を中国に輸出し、中国は安い労働力と日本から輸入した機械や部品を使って完成品をつくり、アメリカなどへ輸出するという傾向が強い。日本企業の大連への投資の動機・目的としては表 3-2 のように「市場開拓」が最も多くて 26.0％ で、次いで「労働コスト」が 20.9％ である。対中脅威論から対中共栄論への転換である。

　中国では市場経済の導入、グローバル化の進展によって所得水準の上昇による「新中間層」が出現しつつある。「日本は一流の車を欧米に輸出し、二流の車を日本に残し、三流の車を中国に売る」としばしば批判されるが、自動車のホンダが広州で成功したのはこの点を反省したものである。中国市場への浸透は重要ではあるが、「13 億人の市場」は 1 つではないことも事実である。北陸環日本海経済交流促進協議会が 2002（平成 14）年に北陸の企業で中国に進出した企業にアンケートした結果によれば、「代金回収が難しい」と解答した企業が 38％ と前回（2000 年）の 8％ と比べ大幅に増えている。日本企業にとって代金回収問題の解決が重要であり、独自の販売ネットワークの構築が欠かせない。

　現地のニーズや事情に合わせたローカル化戦略が不可欠である。中国は国土が広いので発展段階の違いで上海、北京、深圳などの高所得地域、沿海部の広東、江蘇、福建、山東、天津などの中所得地域、中部地域と西部地域の低所得地域の 3 つに区分できる。

　中国における日本企業のシェアは小さくなり、存在感は低下している。その最も大きな理由は欧米企業との現地化の違いである。中国では賃金は上昇し、労働力はもはや安いとはいえない。中国は日本以上に資本主義的社会ではないか。無尽蔵と思えた中国でも近年、労働力不足は深刻である。とくに、質の高い労働力の確保は困難である。そのため、最近日本企業はインド、ベトナムに注目している。

164　第3部　北東アジア経済圏の形成

表3-2　日本企業の大連への投資の動機・目的

(上段：実数、下段：%)

	強い要請	企業イメージ	安価な材料	エネルギーコスト	安い土地	労働コスト	市場開拓	第三国市場	逆輸出	受注確保	国際競争力	同業他社	その他	N.A	投資・計画企業数
食料品	1	2	10	3	3	4	3	3	3	0	1	2	1	0	42
	2.4	4.8	23.8	7.1	7.1	9.5	7.1	7.1	7.1	0.0	2.4	4.8	2.4	0.0	—
飲料	4	4	4	1	1	1	3	1	0	1	1	1	0	0	12
	33.3	33.3	33.3	8.3	8.3	8.3	25.0	8.3	0.0	8.3	8.3	8.3	0.0	0.0	—
繊維	4	0	1	0	0	2	2	3	0	1	1	0	0	2	11
	36.4	0.0	9.1	0.0	0.0	18.2	18.2	27.3	0.0	9.1	9.1	0.0	0.0	18.2	—
衣服	1	2	3	1	1	7	3	4	5	0	2	2	1	1	32
	3.1	6.3	9.4	3.1	3.1	21.9	9.4	12.5	15.6	0.0	6.3	6.3	3.1	3.1	—
木材	1	0	1	0	0	0	0	0	1	0	0	0	0	0	5
	20.0	0.0	20.0	0.0	0.0	0.0	0.0	0.0	10.0	0.0	0.0	0.0	0.0	0.0	—
家具	2	1	3	0	0	3	1	1	1	0	1	0	0	0	10
	20.0	10.0	30.0	0.0	0.0	30.0	10.0	10.0	10.0	0.0	10.0	0.0	0.0	0.0	—
パルプ	1	0	1	0	1	1	2	1	1	0	2	0	1	0	9
	11.1	0.0	11.1	0.0	11.1	11.1	22.2	11.1	11.1	0.0	22.2	0.0	11.1	0.0	—
出版	1	2	2	1	1	1	3	2	0	0	1	0	0	0	11
	9.1	18.2	18.2	9.1	9.1	9.1	27.3	18.2	0.0	0.0	9.1	0.0	0.0	0.0	—
化学	5	6	6	1	3	7	13	5	3	0	3	0	0	0	32
	15.6	18.8	18.8	3.1	9.4	21.9	40.6	15.6	9.4	0.0	9.4	0.0	0.0	0.0	—
石油	0	0	0	0	0	0	0	0	0	0	0	0	0	0	1
	0.0	0.0	0.0	0.0	0.0	0.0	0.0	0.0	0.0	0.0	0.0	0.0	0.0	0.0	—
プラスチック	4	5	3	0	0	3	9	3	1	4	1	2	0	3	27
	14.8	18.5	11.1	0.0	0.0	11.1	33.3	11.1	3.7	14.8	3.7	7.4	0.0	11.1	—
ゴム	1	1	0	0	0	2	1	2	2	1	1	1	0	0	4
	25.0	25.0	0.0	0.0	0.0	50.0	25.0	50.0	50.0	25.0	25.0	25.0	0.0	0.0	—
皮革	0	0	1	0	0	1	0	0	0	0	0	0	0	0	1
	0.0	0.0	100.0	0.0	0.0	100.0	0.0	0.0	0.0	0.0	0.0	0.0	0.0	0.0	—

窯業	2	0	0	0	0	1	3	1	1	0	1	0	0	0	9
	22.2	0.0	0.0	0.0	0.0	11.1	33.3	11.1	11.1	0.0	11.1	0.0	0.0	0.0	—
非鉄	2	2	2	1	0	5	5	2	2	3	2	3	0	1	11
	18.2	18.2	18.2	9.1	0.0	45.5	45.5	18.2	18.2	27.3	18.2	27.3	0.0	9.1	—
金属	5	3	2	0	1	4	4	5	1	2	2	2	0	2	26
	19.2	11.5	7.7	0.0	3.8	15.4	15.4	19.2	3.8	7.7	7.7	7.7	0.0	7.7	—
機械	15	10	9	2	1	6	17	4	3	0	4	3	1	1	62
	24.2	16.1	14.5	3.2	1.6	9.7	27.4	6.5	4.8	0.0	6.5	4.8	1.6	1.6	—
電気	22	14	12	3	9	41	43	24	9	16	23	11	3	5	126
	17.5	11.1	9.5	2.4	7.1	32.5	34.1	19.0	7.1	12.7	18.3	8.7	2.4	4.0	—
輸送	3	3	1	0	0	3	8	1	0	5	2	1	0	1	15
	20.0	20.0	6.7	0.0	0.0	20.0	53.3	6.7	0.0	33.3	13.3	6.7	0.0	6.7	—
精密	3	3	2	1	0	6	7	1	3	1	7	1	1	3	30
	10.0	10.0	6.7	3.3	0.0	20.0	23.3	3.3	10.0	3.3	23.3	3.3	3.3	10.0	—
その他	2	3	3	0	1	6	5	2	2	0	4	1	0	2	19
	10.5	15.8	15.8	0.0	5.3	31.6	26.3	10.5	10.5	0.0	21.1	5.3	0.0	10.5	—
不詳	0	0	1	1	0	2	0	0	1	0	1	0	0	1	12
	0.0	0.0	8.3	8.3	0.0	16.7	0.0	0.0	8.3	0.0	8.3	0.0	0.0	8.3	—
合計	79	61	67	15	22	106	132	65	39	34	60	30	8	22	507
	15.6	12.0	13.2	3.0	4.3	20.9	26.0	12.8	7.7	6.7	11.8	5.9	1.6	4.3	—

(財) 日中経済協会「日本企業の大連投資意向調査報告書」1991

4. エネルギー問題

　中国ではエネルギー不足が慢性的であり、今後も成長を続けるためにはエネルギー源の確保が必須である。今、中国は原子力発電所の増設、石炭の増産などあらゆる手段でエネルギーの確保に努めている。将来、世界最大の原発大国となるといわれており、ウランの国際的な争奪戦が心配されている。尖閣諸島の資源確保をめぐる日中の対立はその象徴である。大連市に進出している富山

166　第3部　北東アジア経済圏の形成

県の企業17社の調査結果は表3-3のとおりである。鳥羽電機は電力不足へ対応している。

大連市では外資系企業の投資が続き、市民の生活水準の向上で家庭やビルの

表3-3　中国・大連市の富山県企業

1. 資源利用・加工型企業（退耕還林）							
	企業名	業種	形態	創業	従業員	幹部（中国人）	備考（問題）
①	木下食品	こんにゃく製造	独資	2001年	100人	副総経理	水不足
②	クワシマ	割箸製造・販売	合弁	1994	150	代表	木材不足
③	北陸森紙業	段ボールケース	合弁	1993			木材不足
④	メーカー	ラッピング部材の製造	独資	2003	23		労働力不足
2. 資本・技術集約型企業（現地生産販売）							
	企業名	業種	形態	創業	従業員	幹部（中国人）	備考（問題）
①	サンエツ金属（2工場）	精密部品の鋳造	独資	1994	101		
②	タカギセイコー	金型の設計・製造・販売	合弁	2002	140	代表	技術者の不足
③	日平トヤマ	工作機械の製造・販売	合弁	1995	390		従業員の引抜き
④	松村精型	鋳造用金型の製造	独資	2003	10		
⑤	リッチェル	金属ワイヤーの製造	独資	2003	25	代表	
⑥	YKK（4工場）	ファスナーの製造・販売	独資	1995	822		
3. 業務提携型企業（市場拡大）							
	企業名	業種	形態	創業	従業員	幹部（中国人）	備考（問題）
①	アート工芸	木製ベッドフレーム	合弁	1995	165	代表	
②	インテック	ソフトウェアーの開発	合弁	1995	61		市場の拡大
③	サカエ金襴	リン布団製造輸出	独資	2002			
④	丸和ケミカル	すべり止め手袋の輸入販売	独資	2003	2	代表	親子13人で経営
⑤	ニュージャパントラベル	旅行業	その他（事務所）	2001	16	経理	営業成績好調
⑥	伏木海陸運送	運送業	その他（事務所）	1998	2	所長代理	営業成績好調
⑦	鳥羽機電	抵抗器	独資	2003	5	副総経理	電力不足への対応

（出所）中藤康俊『北東アジア経済圏の課題』原書房、2007

エアコンの使用が急増しているが、省エネの感覚は薄いのが問題である。

5. 「世界都市」化と住民生活

　日本企業の中国の都市郊外への進出は都市・農村という二重構造の解消に貢献している。市街地の拡大による新市街地の形成は地域問題の解決と空間的な調整に迫られている。中国はグローバル化に対応する「世界都市」を目指しており、オリンピックや万博の開催はその象徴である。中国が進めている世界都市づくり（グレーター上海、大連）は世界戦略の一環である。
　しかし、何よりも住民の生活圏（生活空間）の整備が不可欠である。中国最大の都市・上海では今万博の開催に向けて地下鉄、道路の整備中であるが、通勤地獄がすさまじい。
　中国国内では今、所得格差の拡大、沿海部と内陸部の地域格差の増大が大きな問題になっており、西部開発と東北振興が進められている。格差問題と1人っ子政策は社会不安の原因となりかねないし、環境問題は深刻である。
　2005（平成17）年には大規模な反日デモが発生したが、反日運動の背景には歴史認識の問題、小泉首相の靖国神社参拝などが大きく影響している。最近の日中関係は「政冷経熱」とさえ言われる。

6. 日中投資保護協定

　最近、再開発計画を理由に日本企業が上海市当局から立ち退きを求められる事態が相次いでいる。上海では、工業団地から住宅地や商業施設へと再開発が進んでいる。しばしば、中国人は「だます」が日本人は「ごまかす」といわれる。

1988 (昭和63) 年に日本企業の投資保護を目的に日中投資保護協定が調印されたが、日本企業が中国の国有化や土地収用案件に巻き込まれる場合、投資保護が約束され、立ち退く場合も相応の補償が受けられることになっている。
(経済地理学会関東支部6月例会、2007年6月30日)

第4章

変わる中国・変わらない中国

1.「格差社会」と地域

　戦後の日本は高度経済成長によって「1億総中流」といわれる「平等社会」を実現した。しかし、最近は「格差社会」が時代のキーワードとなっている。「格差」としては所得格差、医療サービスの格差、情報格差（地震、台風）、教育格差など数多い。

　「格差」は歴史をみるといつの時代にもある。格差が社会発展の原動力であるという側面を否定できない。しかし、これがなぜ問題なのか。最近では格差の拡大が「勝ち組」「負け組」であらわされるように二極化し、さらに社会不安、犯罪の増加をもたらし、これがさらに「地域格差」をもたらして地域社会の流動化をもたらしているからである。さらに、社会的格差は地域格差を生じ、都市と地方の格差、東京一極集中、過疎と過密、国土利用のアンバランス、災害の多発、輸送コストの増大、環境問題などを生じさせている。戦後、ながいあいだ日本の国土政策は「均衡ある国土の発展」をめざして、「地域格差」の是正に取り組んできたが、2005（平成17）年には国土形成計画法が制定され、「個性的で魅力的な地域づくり」が求められている。しかし、この2つは別なものか。両方とも重要で、その関係をたえず議論する必要がある。

　「モノが増えればみんなが豊かになれる」とはいえない。「生活の質」が問題である。安全で、安心して、しかも安定的に長く暮らせる「地域づくり」が大

切ではなかろうか。

2. 中国とはどんな国か

　中国は「大国」であり、面積は日本の 26 倍、人口は日本の 13 倍である。1978（昭和 53）年末以降「社会主義市場経済」の国を目指しており、漢民族を主とし、55 の少数民族を抱える国である。共産党一党支配で軍隊を持つ国でもある。年平均 10% を超えるほど経済成長の著しい国である。日本とは隣国であるが、戦争のため対立し「近くて遠い国」であったが、1972（昭和 47）年の国交正常化後「近くて近い国」となった。経済的には相互依存関係が強まり、中国は日本最大の貿易相手国であるが、最近は歴史認識、靖国神社参拝などで「政冷経熱」とさえ言われる。

3. 中国の改革・開放政策と経済発展

　中国では 1978（昭和 53）年末から改革・開放政策が進められ、外国の資本と技術を導入し、工業製品の輸出によって貿易を拡大してめざましい経済発展をとげている。上海の超高層ビル群はニューヨーク、香港、東京にも負けないものである。かつて、自転車であふれていた街も今は自動車であふれている。2008（平成 20）年の北京でオリンピック、2010（平成 22）年には上海で万博が開催されることになっている。最近の中国は国際経済の一部に組み込まれたといってよい。そのため、日本と中国との関係はどうあるべきかについて考えざるを得ない。日本にとって、中国は「脅威」なのか。

　その一方で、中国では貧富の格差（自動車、住宅）が拡大し、乞食が増加している。地域格差も拡大し、1990（平成 2）年に 2.2 倍であった都市と農村の

格差は 2005（平成 17）年には 3.2 倍にまで拡大した。最近、農民による暴動が多発している。沿海部と内陸部の格差の解消をめざして「西部開発」が進められており、新たに「東北振興」も計画されている。

「第 11 次 5 か年計画」（2006 ～ 2010 年）は格差是正、環境対策などを重視した安定的、持続的な発展をめざしている。この計画は農村対策を最重点課題としており、大学卒業者 10 万人を農村に派遣し、都市と農村の格差是正をめざしている。

4. 変わらない国民の意識と国家の仕組み

一部の反日デモのように表面上は変わったように見えるが、実は変わっていない。その 1 つは国民の意識である。このことを私はかつて大連空港、上海空港で経験したことがある。容易でないのは依然として社会主義国家であること、共産党一党支配と軍隊、情報がコントロールされていることである。2006（平成 18）年 9 月、上海疑獄が発生したが、共産党幹部の汚職・腐敗は依然としてなくならない。

2 つ目は都市計画（排水溝）の面的な不備である。面的なコントロール、ネットワークが遅れていることである。

3 つ目は格差（階層間、地域間）の問題である。経済の改革・開放以降ますます格差は拡大している。格差拡大が顕在化しており、大きな社会問題になりつつある。

要するに、中国国内の民主化と近代化をどうすすめるか。日本、アメリカ、ヨーロッパが民主主義と市場経済という共通項を有するのに対し、共産党一党支配で社会主義市場経済という異質な中国が国際協調システムにどのようにしてか変わるかなど、このような問題の解決が不可欠であり、今後の大きな課題である。

（愛知県かすがい熟年大学、2006 年 10 月 4 日）

5. 上海はいま……

　上海市内を流れる母なる川、黄浦江に面して旧租界時代の古い建物が今なお立ち並び、多くの観光客を魅了している。このほかにも市内には古いものが数多く残されている。その一方で対岸の浦東開発区にはアジア１の高さを誇るテレビ塔（東方明珠広播電視塔）をはじめとする超高層ビルが林立しており、発展する中国の象徴的な場所となっている。まさに、上海には２つの顔、つまり古いものと新しいものが存在する。しかし、今上海では古いものが壊され、新しいものがつくられている。

　国家統計局と世界銀行のデータによると、中国は改革・開放以来年平均9.6％の経済成長率を維持し、急速な発展を遂げた。なかでも上海はその最先端をいき、中国で最も豊かな都市である。今や、世界中から人、物、金、情報などあらゆるものが上海に集中している。豊かな経済力を背景に今上海では2010（平成22）年に開催される万博をめざして、浦東空港の拡張、洋山港の新設、高速道路やホテル、マンションの建設など市内のいたるところで再開発が行われている。上海は今大きく変わろうとしている。そこに、まさにグローバル化時代における上海の「世界戦略」がうかがわれる。上海は「世界都市」をめざしているのである。政府はもちろん大学でも会社でもどこでも感じられることである。上海の国際空港に降り立ち、一歩市内に足を踏み入れると、そう感じるのは私だけではあるまい。

　しかし、上海は「世界都市」を目指すだけでなく、足元を見つめ、市民レベルで生活圏を整備して「持続可能な住みよい都市」をつくる必要があるのではなかろうか。そう考えると、上海には問題が多く、この解決を誤ると大変なことになりかねないであろう。中国全土から再開発の労働力として多くの出稼ぎ者が集まるので混乱が生じている。金持ちとそうでない人との格差は年々拡大している。再開発は住民とのトラブルと地価の高騰を招き、住宅はますます郊

外へと追いやられる。郊外からの通勤・通学やビジネス、観光客の車で市内の交通渋滞は激しくなる一方である。地下鉄や高速道路も万博の開催に向けて突貫工事で進められているが十分ではない。そのため、空気も水も汚れてしまっている。中国の留学生が日本の星空をみてずいぶん喜んだことを思い出す。また、上海でも高齢化社会の問題が深刻になっており、お年寄りも老後をどう生きるかとまどっている様子である。

今の上海を見ているといつ頃かを1980年代の日本のバブルを思い出す。中国経済は日本のあの時と同じではないか。バブルがはじけたらどうするのだろうかと人事ながら思わざるを得ない。2008（平成20）年の北京オリンピックに続いて、2010（平成22）年には上海で万博が開催される予定である。万博のテーマは「よりよい都市、よりよい生活」であるが、果たして万博は都市のモデルを示し、市民に夢と希望を与えることになるのであろうか。

（北陸中日新聞、2007年5月14日）

6. 東アジア共同体の形成

一般に、「東アジア」というのはASEANに日本、中国、韓国を加えた地域をいう。この地域の人口は約20億人で世界の3分の1を占める。この地域は、「世界の工場」とか、あるいは「世界の生産基地」とも言われるほどの経済圏に成長した。経済圏としてはEU（欧州連合）やNAFTA（北米自由貿易協定）などと並び、東アジア地域もまた世界におけるもう1つの経済圏である。

いうまでもなく、この地域は1960（昭和35）年前後から高度経済成長を達成した日本を先頭にし、1970年代の半ばには韓国、台湾、シンガポール、香港などのいわゆるアジアNIEsがつづき、1980年代になるとタイ、インドネシア、マレーシアなどのASEAN諸国が成長をつづけ、まさに「雁行的発展」を遂げた。さらに、1978（昭和53）年末以来、経済の改革・開放政策を進め

てきた中国は1992（平成4）年に鄧小平の南巡講話によってめざましい経済発展を遂げたのである。今日、この地域相互の対外直接投資や貿易、金融など通じて事実上、経済統合が進みつつある。東アジアの域内貿易は1980年代後半の円高を契機として日本企業がこの地域に工場を移転するようになり、さらに中国への進出で域内貿易はいっそう活発となり、域内貿易比率は一段と高まった。

もともと東アジア地域の経済圏構想を発表したのはマレーシアのマハティール首相であったが、この構想はアメリカの反対もあり、1990（平成2）年には挫折してしまった。ところが、この地域の統合や共同体構想に弾みをつけたのは1997（平成9）年の通貨危機であった。日本は日米同盟を機軸としており、どちらかいうとASEAN諸国はもちろん韓国や中国ともくらべて東アジア経済圏構想に積極的ではなかった。しかし、日本はこの地域に貿易だけでなく、直接投資、技術移転を積極的に行い、またODAなどを通じてこの地域の経済発展に大きな役割を果たしてきたことはいうまでもない。

自由貿易協定（FTA）というのは、2国間あるいは特定の多国間で関税や輸出入制限などの貿易障壁を撤廃するほか投資、サービス貿易の自由化などを定めたものである。2002（平成14）年には、日本はシンガポールと自由貿易協定を締結したし、ASEANとは一部2国間交渉が進められている。2002（平成14）年の『通商白書』では、日本は経済発展のめざましい東アジアとの連携を強化し、自由貿易協定を結び、経済圏として一体的な発展をめざすべきだと提言している。一方、中国も2002（平成14）年にはASEANとの首脳会議で包括的な経済協力の枠組みに調印した。FTAをめぐる中国の動きは早い。FTA交渉に遅れをとっていた日本は2003（平成15）年にASEAN特別首脳会議で「東アジア共同体」の創設を提案した。日本経済の活力を高めていくには自由貿易協定の締結によって東アジア諸国との経済的な連携を強めていかなければならない。中国を「脅威」と見る人もいるが、FTAを通じて東アジアの国々と利益を分かち合うことがこの地域全体の経済発展を約束し、ひいては日本のさ

らなる利益ともなると考えるべきである。

　だが、「東アジア共同体」の形成にあたって考えるべき視点は、このような経済（資本）や国家の論理だけだろうか。日本の財界と政府が東アジア自由経済圏を構築し、その舞台で日本の企業が競争力を発揮することが目標とされている。しかし、今必要なことは東アジアに生きる市民の連帯である。「資本の論理」や「国家の論理」のほかに重要なことは平和、環境、人権、福祉など東アジアの人びとに共通の問題の解決をめざす「市民の論理」があるのではなかろうか。「市民の論理」によるもう１つの「東アジア共同体」があるのではなかろうか。グローバル化の時代には、国民経済や世界経済の観点だけでなく、ローカルな市民レベルの生活圏のさまざまな問題の解決が不可欠である。

　2006（平成18）年10月、北朝鮮の核実験によって6か国協議の枠組みは崩れ、東アジアの平和と安全が脅かされている。国連安全保障理事会で5常任理事国と日本の6か国は北朝鮮の核実験に対し制裁措置を全会一致で決議した。これまで、中国やロシアが反対するケースが多かったが、今回は全会一致というのは画期的なことである。ただ、その一方で話し合いによる解決の努力は怠ってはならない。

　（北陸中日新聞、2006年11月14日に加筆修正）

あとがき

　私は大学院の博士課程のころはフイリッピンの緑の革命（green revolution）に興味を持ち、東南アジア各地を調査していたが、次第に中国の人民公社、韓国のセマウル運動に関心を持つようになり、アジアの農業、農村の勉強をしていた。中国に初めて足を踏み入れたのは1987（昭和62）年に遼寧大学に留学したときである。そのときはすべてが珍しく驚くことばかりであった。特に、そのときある晩に私の宿舎に教授が訪ねてこられて、文化大革命のことが忘れられないのか、震えながら小さい声で私に「北東アジアの交流」の必要性を強調されたことは今でも忘れられないことである。また、東北師範大学（長春）の張文圭教授に招かれ、同大学で講義したこと、第一自動車工場や平頂山（撫順）の博物館を見学して日本の戦争責任について厳しく追求されたことは今でもはっきりと覚えている。

　帰国後、私は勤務していた富山大学経済学部に付置されていた日本海経済研究所の活動として経済学部の先生方と環日本海地域の共同研究と交流に力を注いだ。この研究所は1924（大正13）年に設立された高岡高等商業学校時代の伝統を受け継いだもので、古い文献も豊富であったし、富山県や地元経済界、同窓会からも支援を受け、北東アジア地域の研究と相互交流に努めてきた。研究成果は従来の「研究年報」に加えて「文献目録」など4種類の印刷物を発行してきた。また、中国の遼寧大学に加えて新たに人民大学、韓国の江原大学、ロシアの極東総合大学などと交流協定を締結してシンポジュウムの開催、学生の交換などに取り組んできた。

こうした活動の成果が文部省で認められ、1997（平成9）年には長年の懸案であった環日本海地域研究センター（現、極東地域研究センター）が富山大学に設置された。地方大学で文系のセンターが設置されたのは異例のことである。長い間の苦労がこうした形で実ったことは私にとっては忘れられないことである。

　私は1998（平成10）年に富山大学から岡山大学、さらに2004（平成16）年に中部大学に転勤しても北東アジア地域の調査・研究に力を注いできた。これまでに中国には17回、韓国には7回、ロシアにも6回も行った。冷戦構造の崩壊、改革・開放の時代の北東アジアはまさに激動の時代であったから大変な苦労の連続であったが、行くたびに驚くことばかりであった。なかでも、1991（平成3）年7月に富山県がチャーターした全日空の飛行機でウラジオストックに行き、沿海州政府の議事堂で講演したこと、また同年8月には東北大学の西沢学長を団長とするシベリア調査団の一員として参加したこと、1994（平成6）年8月には中国科学院長春地理研究所の李教授に豆満江を案内してもらい、日本海の見える防川まで下ったこと、1997（平成9）年には江原大学で国際シンポジュウムに参加したことなどは忘れられないことである。私はこうした研究成果を『環日本海経済論』（大明堂、1999年）、『現代中国の地域構造』（有信堂高文社、2003年）、『北東アジア経済圏の課題』（原書房、2007年）、その他として発表してきた。

　その後も、私は中国と交流を重ねてきたが、とくに2006（平成18）年には中部大学と華東師範大学（中国・上海）は大学間の交流協定を締結し、2007（平成19）年には客員教授として派遣された。また、2008（平成20）年には同大学で講義をした。

　われわれは、東西冷戦構造の崩壊、グローバリゼーションという新しい時代の流れに対応してこれまでにさまざまな活動を展開してきたが、十分な成果をあげたとはいえない。やはり、日本と韓国との竹島問題、ロシアとの北方領土問題、中国との東シナ海問題、北朝鮮との拉致問題、中国との戦後処理、歴史

認識問題、さらには北朝鮮の核問題、朝鮮半島の平和などの問題が解決されない限り北東アジア地域の交流も進まないのではなかろうか。北東アジア地域の交流は「国と国の交流」というよりは「地方と地方の交流」であって、ここにこの地域の特色があるが、それだけに難しさもある。

　20世紀の世界は技術革新の時代であったが、21世紀の世界は食料、エネルギー、環境の3つが大きく影響する時代であろう。日本はいずれも世界の中で有利な立場にはない。すでにロシアは高騰する資源価格を背景に「資源ナショナリズム」を展開し、中国は自国の資源を国益のために活用するだけでなく、経済協力を絡め国外の資源を確保している。日本は極めて厳しい状況にあるといえよう。

　日本が北東アジアの世界で生きるためには「共存共栄のシステム」の構築をめざすしかない。そのためには、「持続可能な社会」をめざしてグローバルに考え、ローカルに行動することである。

　冷戦構造の崩壊は新たな経済圏形成の可能性を高めたのは事実である。しかし、単に経済的な相互利益の追求による共存・共栄というだけではこのような問題は解決できない。北東アジア地域が抱える問題の解決には国民国家という狭い枠組みではなく、グローバルな視点に立って長期的な展望のもとに国際的な協力体制を組むとともに国民国家を超える上位の制度的な機関を作って、問題の解決にあたると同時に東アジア地域に共同体を作る以外にはないであろう。今後の私の課題である。

　本書は私のこうした過去20年にわたる北東アジア地域の研究と交流の足跡を振り返ったものである。多くの人びとに読まれ、北東アジア地域に関心を持つ人が1人でも多く増えることを期待したい。

　なお、本書の足らざるところは、前述した『環日本海経済論』（大明堂）、『現代中国の地域構造』（有信堂高文社）、『北東アジア経済圏の課題』（原書房）を参照してもらいたい。

　最後に次の2点を指摘したい。その1つは日ごろしばしば考えさせられる民

主主義についてである。民主主義は職場や家庭、その他で欠かせないことである。次に、長い間、私の研究を側面から助けてくれた妻、靖子への感謝の気持ちである。昔から「末は博士か、大臣か」といわれるが、大臣は別にして博士は本をたくさん買い、勉強すればするほど貧乏するだけである。それでも私としては、研究したものを1冊の本にする喜びはほかに変えられないものである。ささやかではあるが、それは自分が生きている証である。

2008年7月

中藤　康俊

■著者紹介

中藤　康俊　（なかとう　やすとし）

　　1939 年　岡山県生まれ
　　1970 年　名古屋大学大学院博士課程修了
　　現　在　中部大学教授、岡山大学名誉教授、農学博士
　　　　　　華東師範大学（中国・上海）顧問教授

著　書　『現代日本の食糧問題』（汐文社、1983 年）
　　　　『人文地理学入門』（古今書院、1985 年、中国・気象出版社、1999 年）
　　　　『戦後日本の国土政策』（地人書房、1999 年）
　　　　『環日本海経済論』（大明堂、1999 年）
　　　　『日本農業の近代化と経営』（古今書院、2000 年）
　　　　『地域政策と経済地理学』（大明堂、2002 年）
　　　　『北東アジア経済圏の課題』（原書房、2007 年）
　　　　『地方分権時代の地域政策』（古今書院、2008 年）
共 著 書　『激動する現代世界』（大明堂、1999 年）
　　　　『北東アジア事典』（国際書院、2006 年）
編 著 書　『日本農業の地域構造』（大明堂、1978 年）
　　　　『産業地域の形成と変動』（大明堂、1985 年）
　　　　『混住化社会とコミュニティ』（御茶の水書房、1985 年）
　　　　『都市・農村コミュニティ』（御茶の水書房、1985 年）
　　　　『現代の地理学』（大明堂、1990 年）
　　　　『国際化と地域』（大明堂、2001 年）
　　　　『現代中国の地域構造』（有信堂高文社、2003 年）

冷戦後の北東アジアと日本
──20 年の歩み──

2008 年 10 月 20 日　初版第 1 刷発行

■著　　者──中藤康俊
■発 行 者──佐藤　守
■発 行 所──株式会社　**大学教育出版**
　　　　　　〒700-0953　岡山市西市 855-4
　　　　　　電話（086）244-1268　FAX（086）246-0294
■印刷製本──モリモト印刷㈱
■装　　丁──ティーボーンデザイン事務所

Ⓒ Yasutoshi Nakato 2008, Printed in Japan
検印省略　　落丁・乱丁本はお取り替えいたします。
無断で本書の一部または全部を複写・複製することは禁じられています。
ISBN978-4-88730-871-8

東アジア国際変動論
―国家・冷戦・開発―
李　分一　著
ISBN4-88730-589-3
定価 2,520 円(税込)
戦後東アジアで、何が変化し、その背後には何が変わらぬものとして存在するかを述べる。

アジア太平洋地域における平和構築
―その歴史と現状分析―
杉田米行　編著
ISBN978-4-88730-759-9
定価 2,940 円(税込)
アジア太平洋地域の安全保障問題を新しい視点で様々な角度から分析する。

アジア投資戦略
鈴木康二　著
ISBN4-88730-585-0
定価 3,150 円(税込)
著者が開発した独自の分析手法を使い、直接投資戦略を具体例をもって提示する。